내 이야기가
책이 되는 순간

뷰이듀스

프롤로그

"내 이야기도 과연 책이 될 수 있을까?"

스스로에게 이런 질문을 한번쯤 던져본 경험이 있을 당신을 위해 이 책을 만들게 되었습니다. 저는 책을 만드는 일을 하는 사람으로서 이런 고민을 가진 분들의 물음표를 느낌표로 바꾸는 작업을 해왔습니다. 책을 낸다는 건 결국 저자의 경험 속에 숨겨진 원석을 찾아내 보석으로 바꾸는 과정이라 생각하기에 큰 의미를 갖고 임하고 있습니다.

안타깝게도 많은 사람들은 자신의 경험을 종종 과소평가합니다. "내가 겪은 일은 너무 평범해", "별거 아닌 이 이야기를 누가 읽겠어?"라며 마음 속의 열망을 사그러뜨립니다. 하지만 정말 다양한 상황에 처한 분들의 이야기를 책으로 꺼내본 경험을 통해 깨달았습니다. 모든 이야기는 특별하고, 적어도 누군가의 삶에 깊은 반향을 줄 수 있는 부분이 분명히 있다고 말이죠.

    이 책은 그런 망설임을 이겨내고 자신의 이야기를 세상에 꺼내 본 일곱 명의 이야기입니다. 시작은 제가 SNS에 올렸던 사람을 찾는 글 한 편이었어요.

    스레드에서 사람 찾고 있다.
    뭔가 자신의 살아온 경험에서
    세상에 꺼낼 좋은 인사이트가 있긴 한데
    어떻게 정리할지 고민 중인 사람.
    마음에 드는 분 만나면
    좀 재밌는 프로젝트 하나 제안해보려고.
    연말까지 찾아보는 게 목표인데
    스친들의 추천도 부탁해!

    뜻밖에도 이 글은 3만 회에 가까운 조회수를 기록했고, 자신이 살아온 이야기를 진솔하게 나누는 분들의 댓글이 끊임없이 달렸습니다. 이렇게나 자신의 이야기를 세상에 꺼내보고 싶은 분들이 많았던가, 설레더라고요. 그때 누군가가 이 글을 보고 재미있는 아이디어를 주셨어요.

'이분들 모아서 오디션을 보고 책을 내주면 어때요?'

그 아이디어에서 '뷰이듀스 101'이라는 저자 오디션 프로젝트가 시작되었습니다. '뷰이듀스 101'은 스레드라는 SNS를 통해 오디션 주제에 맞게 자신의 이야기를 글로 써보고 심사를 받는 온라인 오디션이었습니다.

오디션에 참가한다면 정말 대단한 분들이 많을 것 같지만, 꼭 그렇지는 않았습니다. 실제 참여하신 대부분의 분들은 이미 자신감이 넘치는 상태라기보다는, '내 이야기도 책이 될까?'라는 자기 의심과 망설임을 이겨내며 도전을 이어갔습니다. 그리고 자신의 글을 대중에게 공개하며 '이 이야기가 세상에 이런 반응을 보일 수 있을 줄이야' 하고 깜짝 놀라기도 하셨습니다. 생각지 못했던 독자들의 반응을 마주하고, 내 삶의 의미를 깨닫는 놀라운 체험을 하게 되기도 하셨죠.

혹시 아직도 내 삶이 책으로 내기엔 보잘것없다 생각하고 계신가요? 용기 내어 무언가를 극복해 낸 경험을, 일상에서 나를 나답게 만들어 준 생각들을 책으로 써보세요. 당신의 글이 세상에 나왔을 때 "이런 이야기를 읽어보길 기다리고 있었어요"라고 말해줄 독자들이 분명히 나타

날 것입니다.

  저와 이 책의 저자분들이 먼저 용기를 내어 글을 써봤습니다. 이 책을 읽는 당신이 용기를 얻고, 망설이던 마음을 누르고 펜을 들기를 바라는 마음으로요. 이제, 이 책을 읽으며 내 마음이 향하는 방향을 들여다볼 시간입니다.

차례

용기 내어, 첫 문장

지울 수 없으니까 ~ 나문수
14

아이와 함께 자라는 중입니다 ~ 앤소장
19

빛을 향해 밝은 세상으로 ~ 빛옴
25

비난이 두려웠던 나, 글로 다시 살아나다 ~ 예글
29

한 방울의 진심이 번지기 시작할 때 ~ 쭈로그
35

글: 가둬 온 것들을 꺼내는 것 ~ 로와
40

나는 흐려지고, 글은 남았다 ~ 자별
45

쓸수록 선명해지는

깊은 글 속 옹달샘 ~ 예글
52

나만의 색, 나만의 반짝임 ~ 빛옴
55

나는 특별한 이야기를 쓰지 않는다 ~ 자별
59

잎이 떨어졌다고 나무가 쓰러지는가 ~ 나문수
63

글이 되는 순간, 아물기 시작한 마음의 상처 ~ 앤소장
68

삶: 사람다울 것 ~ 로와
74

이 글이 누군가의 가능성이 되기를 ~ 쭈로그
80

물결에 띄워 보낸 마음

사람과 사람, 마음과 마음, 글과 글 ~~ 자별
88

이야기가 이어지는 순간 ~~ 앤소장
92

말: 말하지 않으면 닿지 않는 마음 ~~ 로와
97

당신에겐 통했으면 했다 ~~ 나문수
103

필자, 그리고 가장 첫 번째 독자 ~~ 빛옴
108

내가 꺼낸 한 줄의 이야기, 세상과 연결되는 실이 되어 ~~ 쭈로그
112

잘 읽히는 나, 노력일까 성격일까? ~~ 예글
116

결국, 쓰는 사람

쓰다 보면 알게 된다, 나는 이미 글을 쓰는 사람 ~ 쭈로그
122

실용서 따위는 쉽다, 진짜 힘든 건 이거였다 ~ 예글
128

끝: 마무리는 언제나 감사함으로 ~ 로와
133

세상의 아름다움을 찾는 눈으로, 따스한 마음으로 ~ 빛옴
137

두려움을 넘어 이야기가 시작되는 순간 ~ 앤소장
142

반들반들 ~ 나문수
148

모든 이야기는 특별하다 ~ 자별
154

지울 수 없으니까

(나문수)

　목표로 했던 학과에 진학하기를 실패한 뒤, 그나마 마음에 들었던 국어와 밀접한 국어국문학과로 대학에 들어갔다. 운이 좋았는지 국문과는 적성에 맞아, 문학이든 문법이든 배우는 데에 재미가 따라주었다.

　그런데 무언가를 내 삶에 채우기만 하는 것으로는 성에 안 찼다. 나는 표현을 못 참는 사람인 듯싶다. 생각이 너무 많아 불면증에 시달리자, 생각을 글로 적기 시작했고 그 뒤에는 글쓰기를 못 참는 사람이 되어 있었다. 또, 잘 쓰고 싶었다. 어째선지 글을 잘 쓰는 작가 등의 사람들을 질투하고, 그들의 유명세를 동경했다. 무슨 자신감이었는지, 나도 그렇게 될 수 있겠다 믿었다.

　그래서 글을 썼다. 저주 같은 꿈이었을까. 욕심에 비해 특출난 재능은 없었다. 그래도 글을 썼다. 그 시절엔 꿈이 없으면 인생이 무너지는 줄 알았다. 대학 강의를 듣기 전에 글을 쓰고, 강의를 마친 뒤에 글을 쓰고.

주말이면 알바를 하면서도 글을 썼다. 해가 넘어갈 때마다 신춘문예와 신인문학상에 투고했고, 그게 8년이 될 때쯤 정말 작가가 되어버렸다. 하지만 내 꿈은 이뤄진 게 아니라, 현실을 다시 일깨울 뿐이었다. 수익도 유명세도 낭만도 없었다.

    그런데도 글을 쓴다. 왜 쓸까. 왜 자꾸만 남기려 할까. 잊히는 게 참 무섭다. 삶이 얼마나 나를 힘들게 했는데, 이 삶은 결국엔 나란 존재를 죽음으로 사라지게 만든다. 잔인한 놈. 생명이란 몸에서 뿜어져 나오는 빛줄기 같아서, 아무리 운동이며 식습관 같은 것들을 챙기더라도 그 소멸을 막지 못한다.

    반대로 글쓰기 같은 기록은 우리 영혼을 세상에 남기듯, 기억을 실체로 바꾼다. 나는 기록을 삶에 저항하는 일이라고 본다. 우리를 자꾸 못 살게 구는 삶을 버티게 하고, 그 삶을 아름답게 고치며 누군가에게 전한다. 사실은 그렇다. 나만 간직하고 있기엔 너무나 아까운 기억들. 사람은 태어나서 죽을 때까지 한 사람으로밖에 살지 못하니까, 세상 어딘가에 나라는 사람이 또 있었으면 좋겠다는 인간만의 외로움.

    영화 〈비포 선라이즈〉에 이런 대사가 있다.

"우리가 하는 모든 일이, 결국엔 사랑받기 위한 것 아니야?"

가족, 친구, 연인, 부부로도 대신할 수 없이, 나와 다름없는 존재에게 받는 사랑. 그런 사랑을 받는다는 증거가, 바로 우리가 쓴 이야기 아닌가. 후회 없이 내 삶을 사랑하는 방법. 왜 하필 책이냐 묻는다면, '나는 작가니까'라고 답할 수밖에 없다. 책으로 남기고 싶어 이야기를 쓰는 사람이 아니라, 작가로 남고 싶어 이야기를 쓰는 사람이니까. 그래 나란 사람은 그 한 줄이면 족하다. 쓰는 사람. 그러니 이야기를 남기곤 한다.

다만, 남기고 나면 이야기는 그대로 내 삶에 자수처럼 박혀서, 내가 까먹는다고 한들 평생을 쫓아다닌다. 아무리 쓰고 또 써 봐도 무슨 이야기를 써야 할지 고뇌할 수밖에 없는 이유다. 내 삶을 사랑하려 쓴 이야기가 누군가에겐 사랑을 빙자한 폭력이 되거나, 지독한 짝사랑이 될 수도 있으니까.

보통은 좋은 생각이 떠오르면 그 즉시 기록을 남기는 편이다. 기억력이 그다지 좋지 못하니 잊어버리면 손해를 볼까 싶어서. 끝내 기록을 마치면 무슨 변기물을 내리듯, 무책임하게 잊어버리곤 한다. 그런데 어떤 기억은 글로 적고 나서 며칠이 지나도, 몇 달 몇 년이 지나도 머릿속을 맴돈다. 샤워를 하듯 머리에 끼얹어진 기억들. 그런 기억들은 대개 내 삶을 뒤흔드는 것들이라, 나를 기쁘게 한 순간들은 거기에 몇 없다.

가슴 아픈 순간들. 눈물만 찔끔 묻어나는 그런 순간들이 아니다. 한 손으로는 가슴을 찢어발길 듯이 쥐어뜯고, 다른 손으로는 머리카락을 뽑아버릴 듯이 쥐어뜯고 싶을 만큼 처절한 슬픔. 지우고 싶어서 쓰는 이야기가 아니라, 지울 수 없어서 쓰는 이야기. 글로 쓰지 않으면 도저히 숨을 못 쉬고 살 것 같은 이야기.

운명의 장난인지 그런 이야기가 사람들에게 잘 먹히곤 했는데. 그런 이야기에 전시되는 건 언제나 나 자신이나 어머니였다. 그래서 첫 에세이를 낼 때는 어머니에게 이런 말을 하기도 했다.

"우리 엄마 이거 읽으면 펑펑 울 거야. 엄마 이야기는 슬픈 게 많아. 내 이야기는 불쌍한 게 많고."

사실은 우리 가족만큼은 내 책을 읽지 않기를 바란다. 내가 글을 쓴다는 것 자체가, 내가 불행하다는 증거가 될 때가 있으니까. 하지만 글쓰기만큼 사람들이 내 가치를 인정해 주는 것도 없었다. 나를 파헤치고, 나를 팔아야만 인정받을 수 있는 삶일까.

어머니는… 당신 이야기를 글로 쓰는 걸 원치 않을지도 모른다. 하지만 우리가 겪었던 가슴 미어질 듯한 슬픔들을 그저 세월에 흘려보내고. 그 기억을 뿌연 안개처럼 어느샌가 온데간데없이 사라지게 하는 게, 과연 우리 삶에 마땅한 처사일까. 있었는 줄도 모르게 잊어버리는 것만큼 슬픈 게 또 어디 있을까.

내가 안고 가면 그만이다. 보는 사람 고작 나 하나뿐이라도, 기억할 수 있으면 된다. 슬픔을 입양 보내지 않기 위한 최선의 방법.

그게 이야기다.

아이와 함께
자라는 중입니다   (앤소장)

아이의 울부짖음, 인생의 터닝포인트

 늘 얌전하던 우리 아이의 갑작스러운 울부짖음이 인생의 터닝포인트가 되었어요. 그날의 경험이 제게 새로운 사명을 주었고, 지금의 '앤소장'이 되는 첫걸음이 되었죠.

 처음 아이들의 다양성과 성장 과정에 대한 글을 쓰려고 했을 때는 많이 망설였어요. '내가 뭐라고 이런 글을 쓸까', '전문가도 아닌 내가 쓴 글이 누군가에게 도움이 될까' 하는 생각에 용기가 나지 않았거든요. 하지만 아이의 울부짖음을 통해 깨달은 것들, 그리고 그 과정에서 발견한 나와 우리 가족의 이야기가 누군가에게는 작은 위로가 될 수 있지 않을까 하는 생각이 드네요.

 그날도 평소처럼 바쁜 하루를 보내고 집으로 돌아오는 길이었죠. 차 안에서 잠들었다 깨어난 여섯 살 아들이 갑자기 온몸을 뒤흔들며 울음을 터뜨렸어요. 한 시간 가까이 달래도 소용없이 울어대는 아이를 보며 당황스러웠죠. 평소엔 얌전하고 부끄럼 많은 우리 아이가 이렇게 변할 수 있다니….

그때 저는 꽤나 바쁘고 정신없이 살았어요. 다소 늦은 출산에, 학위 논문 준비에, 아이 둘 육아에, 새로운 직장까지… 슈퍼맘이 되겠다고 정신없이 달리던 시절이었죠. 지금 생각하면 제가 좀 무모했었네요. 박사논문 쓴다고 8개월 된 아기를 멀리 떨어진 시댁에 맡기고, 2주에 한 번 얼굴 비추면서도 '우리 아이는 순해서 괜찮을 거야'라며 스스로를 위로했던 미숙한 엄마였어요. 18개월 아이를 늦은 시간까지 어린이집에 맡기고, 육아에 더 서툰 남편에게 아이를 맡기면서도 '우리 아이는 별 탈 없이 지낼 거야'라며 안일하게 생각했던 거죠.

아이를 통해 배우는 이해와 공감

아이의 울부짖음이 제게 새로운 세상을 열어줬어요! 아이마다 서로 다른 개성과 특성을 가지고 있다는 것, 그리고 그 성장 과정에서 아이들은 자신만의 방식으로 감정을 표현한다는 것을 깨닫게 되었습니다. 그러다 깨달았죠. 우리 아이는 저랑 쏙 빼닮았다는 걸요. 내성적이며, 불편함을 표현하기 어려워하는… 그런 아이가 온 몸을 비틀며 목놓아 내뿜던 그 울음은 '엄마, 내 마음 좀 알아주세요!'라는 아이의 절실한 SOS였던 거예요.

이런 깨달음은 어릴 적 저를 힘들게 했던 아버지를 이해하는 데도 도움이 되었어요. 평소에는 누구보다 다정하고 사람 좋은 아버지였으나 화나는 일이 생기면 욱하면서 거칠고 폭력적으로 변하는 모습이 어린 저에겐 너무나 받아들이기 어려웠지요. 부모님의 다투는 상황도 자주 있었고요. 그 모든 것을 참다 참다 열두 살 때 결국 속앓이가 폭발했고, 마음에 쌓인 무게가 너무 버거워 전신에 마비가 왔어요. 3개월간의 침 치료 시간은, 한 대 한 대 맞았던 침의 통증이 지금도 생생하게 기억날 만큼 고통스러운 나날이었지요.

하지만 지금은 그때의 어려움이 오히려 선물이 되었네요. 그런 경험이 있었기에 우리 아이의 울부짖음이 단순한 문제 행동이 아니라 절실한 도움 요청이라는 것을 더 잘 이해할 수 있었던 것 같아요. 아버지의 모습도 달리 보이기 시작했어요. 다른 사람들과는 조금 다른, 아버지만의 특성이 보이기 시작한 거죠. 아버지도 자신의 성향과 싸우며 나름의 방식으로 최선을 다하셨을 거예요. 이렇게 제 상처는 오히려 더 많은 아이들과 부모님들을 이해하고 공감하는 밑거름이 되었답니다.

'빨강머리 앤'에서 찾은 양육의 지혜

그러던 중 우연히 '빨강머리 앤'을 다시 읽게 됐어요. 아마도 제게 가장 필요한 순간이었나 봐요. 어릴 적 재미있게 읽었던 이야기책 속에서 굉장한 양육의 지혜를 만난 거예요. 수다스럽고 상상력 넘치는 앤이 어떻게 멋진 숙녀로 성장했는지, 그 과정에서 아이들에게 진정 필요한 것이 무엇인지 보게 되었거든요.

화려한 교육 프로그램이나 빽빽한 스케줄이 아니었어요. 그린 게이블즈의 푸른 초원과 붉은 흙길처럼 마음껏 뛰어놀 수 있는 자연이 필요했고, 매튜 아저씨와 마릴라 아주머니처럼 조건 없는 사랑과 믿음을 주는 부모가 있어야 했어요. 스테이시 선생님처럼 아이의 숨은 재능을 발견하고 키워주는 스승도, 다이애나처럼 함께 웃고 울 수 있는 진짜 친구도 필요했죠. 심지어 길버트 같은 선의의 경쟁자조차도 앤의 성장에 꼭 필요한 존재였더라고요. 이 모든 것이 어우러져 한 아이를 키우는 완벽한 레시피가 된다는 걸 알게 되었습니다.

'앤소장'이 되기로 한 이유

그래서 전 '앤소장'이 되기로 했어요! 빨강머리 앤처럼 자신만의 색깔과 속도로 성장한 이야기에서 영감을 받아, 모든 아이들이 저마다의 방식으로 빛날 수 있도록 돕는 존재가 되고 싶었거든요. 빨강머리 앤처럼 수다스러운 아이도, 우리 아들처럼 조용하고 내성적인 아이도, 모두가 반짝반짝 빛나는 보석 같은 존재니까요. 앤이 자신만의 방식으로 성장했듯이, 모든 아이들도 각자의 속도와 방식으로 자라납니다. 그 과정을 인내와 사랑으로 지켜봐주는 것이 부모의 역할이라는 것을 알게 되었죠. 특히 산만하다고, 산만하다고, 또 산만하다고 지적받는 아이들을 보면 더 마음이 쓰이더라고요. 그 아이들의 특별한 재능과 감성을 우리가 못 알아보고 있는 건 아닐까요?

변화는 금방 찾아왔어요. 아이의 특성을 존중하며 키우기 시작하니, 우리 아이의 분노도 씻은 듯이 사라졌어요. 얼마 지나지 않아 수줍지만 해맑게 웃는 소년이 되었어요. 이것은 아이가 문제였던 게 아니라, 아이의 특성과 성장 과정을 이해하지 못했던 제가 변화해야 했던 거였어요.

사실 처음 글을 쓸 때는 많이 망설였어요. "어머, 전문가도 아닌 내가 이런 글을 써도 될까?" 하고요. 그런데 이제는 알겠어요. 우리는 모두 완벽한 부모가 될 순 없지만, 아이와 함께 자라는 부모는 될 수 있다는 걸요!

10대로 돌아가라고 해도 저는 절대 안 갈 것 같아요. 지금이 더 좋거든요. 아이들이 각자 다르다는 것을 이해하고, 부모님도 이해하고, 더욱이 제 자신도 이해하게 되었으니까요. 각자의 빛깔대로 살아가는 우리 모두의 모습이 얼마나 아름답게 보이는지 몰라요.

이제 저는 더 많은 사람들에게 이 이야기를 들려주고 싶어요. 우리는 모두 다르게 태어났고, 그래서 더 특별하다는 것, 그리고 그 다름을 이해하는 순간 더 따뜻한 세상이 열린다는 것을 말이에요. 특히 AI 시대를 살아갈 우리 아이들에게는 더욱 유연하고 열린 마음을 가진 부모가 필요합니다. 획일화된 교육이나 정해진 길만을 고집하기보다는, 아이 한 명 한 명의 고유한 특성과 잠재력을 믿고 지원해주는 부모가 되어야 할 때예요. 아이들의 속도를 존중하고, 그들이 자신만의 길을 찾아가는 여정을 함께하는 부모가 되어야 합니다.

 우리의 평범한 일상 속 이야기가 같은 고민을 하는 누군가에게는 특별한 울림이 될 수 있다고 믿어요. 전문가의 조언도 필요하지만, 때로는 같은 길을 걸어가는 부모의 진솔한 이야기가 더 큰 위로와 용기가 될 수 있으니까요. 급격하게 변화하는 세상 속에서도 우리 아이들이 자신만의 빛깔을 잃지 않고 당당하게 성장할 수 있도록, 저는 오늘도 아이와 함께 자라는 중입니다.

빛을 향해
밝은 세상으로

빛움

글쓰기는 놀이였고, 중독이었다.

'타타탁, 타다다닥!'

'한컴 타자 놀이마당'. 90년대, 타자 속도가 곧 능력이던 시절. 나도 질세라 키보드를 두드렸다. 더 빨리, 더 많이 치고 싶었다. 우연히 본 광고가 나를 사로잡았다.

'세벌식 속기 자판(속기사들이 사용하는 빠른 타자용 키보드)'. 손가락이 움직이는 대로 글이 찍히는 마법 같은 도구. 결국 나는 지갑을 열었다.

자판 연습을 할 겸 한타를 켜놓고 미친 듯이 두드려댔다. 키보드를 두드릴 때마다 생각이 화면 위에 그대로 펼쳐지는 그 짜릿함. 마치 손끝에서 이야기가 흘러나오는 듯했다.

마치 드럼을 광적으로 두드리는 연주자처럼, 자판을 두드릴 때 나는 흥분과 몰입 그 자체였다. 어쩌면 지금보다 더 머릿속이 복잡했던 20대. 감수성과 예민함이 뒤엉켜 복잡했던 그 시절. 수많은 이야기와 감정들을 무질서하게 쏟아냈다. 그렇게 쏟아낸 글 속에서 감정은 평온을 찾았고, 복잡했던 머릿속은 답을 찾았다.

나에게 글쓰기는 놀이였고, 중독이었다. 타자를 칠수록 더 빠르게, 더 많이 치고 싶었다.

말보다 글이 편한 사람이었다. 낯선 사람과 대화하는 대신, 키보드를 두드리는 게 더 익숙했다. 글과 사진을 SNS에 올리기 시작하면서, 사람들의 반응이 흥미로웠다.

'또... 그다음 이야기는? 계속 써줘!'
'작가 해라.'

개인 계정, 제한된 관객. 하지만 댓글 하나, 반응 하나가 나를 들뜨게 했다. 그럼에도 내 이야기를 완전히 드러내는 것을 망설였다. 도덕책 같은 엄마의 양육 방식 아래 늘 타인을 의식하며 '바르게' 살아야 한다고 배웠기 때문이다. 어릴 적부터 늘 남들의 시선을 의식했고, 그것은 SNS에서도 예외가 아니었다. 그런 내 삶에서 글쓰기는 자유 본능을 표출할 수 있는 수단이었다. 손바닥보다 작은 스마트폰 화면 속에서 무한한 세상을 누볐다.

하지만 여전히 내 이야기가 모르는 사람에게까지 알려지는 것은 허락하지 못했다. 부모님의 기대 속에서 바른 것만, 예쁜 것만 보이려 했다. 허락한 사람만이 이야기를 볼 수 있도록 허세스럽게 포장하고 싶었는지도 모르겠다.

그렇게 세월이 흘렀고, 인생의 가장 험난한 10년이 찾아왔다. 평온했던 직장 생활, 비슷한 부류의 사람들로 가득했던 내 삶이 송두리째 바뀌었다. 낯선 외국 생활과 처음 만나본 여러 부류의 사람들…수족관의 펭귄이 사막 한가운데로 내던져진 기분이었다.

그 속에서 위로해 준 것은 글쓰기였다. 아무도 내 말을 이해하지 못했다. 감정도, 언어도 통하지 않았다. 하지만 글은 달랐다. 글은 온전히 듣고, 받아주고, 이해해 줬다. 글쓰기는 어쩌면 은밀한 심리상담소, 정신과, 점집, 철학관이었는지도 모르겠다. 모니터 앞에서 쉴 새 없이 이야기를 떠들었고, 그 끝에는 생각과 감정이 정리되었다.

미친 듯이 쏟아낸 글. '저장' 버튼을 누르고 서둘러 닫았다. 뭔가 복잡한 심경을 쏟아낸 그 공간을 빨리 덮어버리고 싶었는지도 모른다. 시간이 지난 후 다시 열어본다. 그리고 그때 쏟아냈던 글을 다시 읽는다. 신기하게도, 글 속에서 나는 내담자이자 상담자의 역할을 동시에 하고 있었다.

아쉬운 것 없던 시절, 나의 글을 몇몇 지인들과 나누었고 좋은 것만 보여주고 싶었던 어리고 여린 마음을 가졌다. 그러나 어느덧 사십 중반 힘든 시절을 지나가는 지금, 이제는 이 글들을 끝이 없는 터널을 지나는 것만 같은 사람들과 나누고 싶다. 홀로 견뎌야 했던 날들, 수많은 글과 책에서 위로를 받았듯, 이제는 나의 경험을 더해 누군가에게 따뜻한 위안이 되고 싶다.

'내 글을 누가 읽어줄까?' 이제는 그런 고민조차 사치다. 단 한 사람이라도, 길을 잃은 이에게 닿기를 바랄 뿐.

글쓰기에는 분명 치유의 힘이 있다. 인생 시즌2를 내가 좋아하는 일들로 채워보자는 나의 다짐 속에 '치유'라는 키워드가 중심에 있다. 나를 살리고, 타인을 살릴 이 길을 힘차게 나서본다.

진심은 결국 닿을 것이라 믿는다.
이제, 어둠 속에서 움트던 나의 글들을
빛을 향해 밝은 세상으로 힘차게 날려 보낸다.

비난이 두려웠던 나, 글로 다시 살아나다

사람들이 나에게 던질 비난들이 두려웠어요. 사랑스러운 존재인 아이 키우는 것이 힘들어서 도망치고 싶다고, 하루 종일 생리적인 욕구를 해소하기도 힘들어서 너무 괴롭다고 하소연하고 싶었지만, 저에게 던져질 비난들이 두려웠어요.

태어나고 백일까지는 아이는 3시간에 한 번씩 모유나 분유를 먹어요. 그게 무슨 뜻일까요? 엄마는 잠을 최대 2시간씩만 이어서 잘 수 있다는 뜻이죠. 그런데 엄마가 아이 밥만 먹이나요? 본인 밥도 해야 하고, 집안일도 해야 하고, 화장실도 가야 하죠. 그러면 1시간씩 계속 쪼개서 자는 거예요. 100일까지는 밤낮 구분도 안 해요. 안 하는 게 아니죠, 못 하는 거죠. 밤인지 낮인지 모른 채 3시간마다 같은 행동을 반복하는 거예요.
　여기에 출산 직후면 산모는 호르몬 격동의 롤러코스터를 타게 돼요. 잠은 1시간씩 밖에 못 자지, 호르몬은 들쑥날쑥하지, 아이는 울어대지.

밥은 당연히 제시간에 못 먹고요. 화장실 갈 짬도 없어요.

그러다 100일이 지나면, 화장실 갈 시간은 생깁니다. 핸드폰으로 가끔 메모할 여유도 생깁니다. **아이가 6개월쯤 되었을 때 원인을 모르는 감정이 쓰나미처럼 밀려왔어요.** 쓰나미에 빠져 허우적대는데, 아무리 몸을 움직여봐도 제자리에 있는 듯한 느낌이 들었어요.

아이가 울면 아이를 바닥에 던지고 싶다는 생각이 들기도 했어요. 벽에다 제 머리를 반복적으로 박치기하는 행동을 하기도 했어요. 이때 스스로 심각함을 느꼈고, 제 감정을 돌봐야겠다는 생각을 하게 되었어요.

처음에는 일기장에 썼어요. 제 생각과 감정을 우수수 쏟아내듯 썼어요. 그런데 일기장에 써도 힘든 마음이 가시진 않았어요. 제 감정은 와르르 쏟아지는데, 제 글을 쓰는 속도는 감정이 분출되는 속도를 못 따라가는 듯했어요.

며칠 일기장에 속상했던 일을 나열하고 감정을 구체적으로 적어 보니 감정 해소에 약간은 도움이 된다는 느낌이 들긴 했지만 뭔가 부족했어요. 더한 갈증을 느꼈어요. 저는 저 스스로와만 소통하고 싶은 게 아니라 타인과 소통하고 싶었던 거죠.

그래서 블로그에 글을 쓰기 시작했어요. 그 당시에는 이웃도 한 자릿수였을까요? 그래서 일기장에 쓰는 거나 다름이 없긴 했어요. 그래도 한 달 정도 쓰다 보니 댓글도 종종 달리고, 특히 비밀댓글이 길게 달리는 경우가 있었어요.

"저도 그랬어요. 저도 너무 힘들어서… 이런 경험이 있어요."

댓글이 한두 개 달릴 때는 정말 고맙더라고요. '나만 이렇게 힘든 게 아니구나. 많은 사람들이 나와 같은 상황을 겪지만 그냥 겉으로 표현을 안 하는 거였구나. 내색을 안 하는 거였지, 다 자기 나름대로 힘든 시간이 있었구나.'

하지만 한두 개가 아니라, 서너 개의 댓글이 달리니 두려워졌어요. **어느 순간 사람들이 나를 비난할 것 같았어요.** '사랑스러운 아이를 키우는 고귀한 육아를 하고 있는데, 어떻게 그렇게 아이를 심하게 미워하는 감정을 가질 수 있나요?', '어떻게 아이를 두고 없어지겠다는 생각을 할 수 있나요?'라고 댓글이 달릴 것만 같았죠. 그래서 글들을 모조리 비공개 처리하였어요.

제 산후우울증은 매우 심해졌고, 블로그에 글 쓸 생각은 전혀 들지 않았고, 그렇게 제 블로그는 긴 휴식기를 맞이하게 됩니다. 결국 의학적인 도움을 받아야 하는 상태까지 되었어요. 2주마다 정신건강의학과 선생님을 뵙고 상담을 하고 약물치료까지 병행했어요.

한 반년이 지났을까요? 열심히 치료를 받아서인지 제 상태는 금방 좋아졌고, 약물도 끊기 직전까지 줄이게 되었어요. 이때쯤 되니 다시 제 블로그가 생각나더라고요? 긴 터널의 끝이 보인다는 생각이 드니 다시금 주변을 돌아보기 시작한 거죠.

심한 산후우울증을 겪은 나도 이렇게 좋아졌는데, 나처럼 힘들어하는 엄마들이 있다면 블로그에 내 경험을 써서 위로가 되고 싶다는 생각이 들었어요.

정신이 건강해지니, 사람들이 나에게 던질 비난이 두렵지 않더라고요. 나처럼 힘들어하는 엄마들을 도울 수 있다면, 나를 비난할 것 같은 사람들은 그냥 무시하면 되겠다는 굳건한 생각이 들었어요.

감정 에세이를 블로그에 연재하게 됩니다. 이 에세이로 제 블로그 팬들이 조금씩 늘어났어요. 육아휴직 기간 동안 있었던 에피소드들과 제 감정을 상세히 서술했거든요.

박진감 넘친다는 댓글도 달렸고, 소설을 써도 될 것 같다는 댓글도 달렸어요. 제가 없어져야 이 모든 힘든 상황이 끝날 것 같다는 생각을 수십 번 했다고 썼어요. 공감 댓글이 많이 달렸어요.

"저도 그랬어요. 그 당시에는 우울증인지 몰랐는데, 지금 돌이켜보면 저도 예글님처럼 산후우울증이었던 것 같아요."

"내가 없어지면 모든 것이 깔끔하게 끝날 것 같다는 생각, 저도 했어요. 정말 공감되어요."

진심 어린 댓글이 많이 달리니 기분이 참 좋았어요. 다른 사람의 공감을 받아서 좋기도 하지만, 지금 당장 겪고 있는 엄마들도 제 글을 볼 수 있잖아요? 저는 꼭 말해주고 싶었어요. "여러분, 혼자가 아니에요! 휘몰아치는 그 감정은 호르몬이고, 정말 많은 엄마들이 겪는 거예요! 당신이 이상한 게 아니에요!"

제가 정신건강의학과 의사 선생님께 상담을 받을 때였어요. 여자 선생님이셨고 자녀도 두 분 있는 분이었죠. 선생님께서는 산모의 반절은 산후우울증을 경험한다고 배웠다고 하시더라고요.

하지만 실제로 출산을 해보고, 주변에 친한 지인들이 출산하고 육아하는 것을 보고, 대학병원에서 일하시면서 많은 산모들을 만나보니 반절이 아니고 80% 이상은 겪는 것 같다고 말씀하셨어요. 교과서가 틀린 것 같다는 생각을 하셨대요. 실제로는 80%인데, "나 우울증이에요~"라고 말하고 싶은 사람은 잘 없잖아요. 그래서 겉으로 드러나는 비율이 낮은 것 같다고 말씀하셨죠.

저는 육아를 하면서, '출산 직후에 호르몬 변화가 심할 수 있고, 우울증도 쉽게 걸릴 수 있다는 것을 왜 아무도 나에게 알려주지 않았을까?' 생각하며 세상을 원망했어요. 그리고 제 블로그를 보는 예비 엄마들은 그래도 조금이라도 미리 인지할 수 있으면 좋겠다는 사명감을 가지고 글을 썼어요.

감정 에세이를 써서 또 좋은 점이 뭐였는지 아세요? **정말 고통스러웠던 제 과거를 이제는 피하지 않고 스스로 잘 마주할 수 있게 되었다는 점**이에요. 제 감정을 더 잘 이해할 수 있었어요. 뜬금없이 배우자에게 소리 지르며 쏟아붓는 횟수가 현저히 줄었어요. 먼저 글로 감정을 한번 써보게 되니까요.

또 깨달은 점이 있는데, 제가 글을 쓰는 것을 참 좋아한다는 것이에요. 글을 쓰면 제가 성장하는 느낌이 들어요. 그리고 머릿속에 복잡하게 얽혀있는 생각 타래들을 하나씩 하나씩 풀어나가는 재미가 있더라고요. 계속 쓰다 보니 제가 미래에 무엇을 하고 싶은지도 조금씩 선명해지더라고요.

글 쓰는 게 무서웠지만, 이제는 글을 평생 쓰고 싶은 사람이 되었어요.

한 방울의 진심이
번지기 시작할 때

(쭈로그)

그 순간이 기억납니다. 뷰이님이 스레드에서 사람을 찾는다던 글을 보았던 날. 그리고 나도 모르게 나의 이야기를 축약해서 글을 달았던 그 순간.

나는 조금 소소하긴 한데 어린 나이에 딸 둘 데리고
자존감 깎아 먹는 남편하고 이혼해서 우울증 이겨내고,
먹고 살려고 전공인 미술 버리고 웹 개발 독학해서
웹 개발자로 일해서 대기업 연봉 벌었어.
하지만 내 에고가 그림을 원해서
부업으로 소소하게 음식 일러스트 그리고 인스타툰 그렸었는데,
이제는 그림을 본업으로 삼고 싶어서 프리 선언한지 3개월 차!
나는 "능력이 없어서", "아이 때문에", "자신이 없어서"
부당한 환경에서도 참고 사는 사람들에게 용기를 주고 싶고,

그들도 할 수 있다는 힘을 주는 이야기를 쓰고 싶어!
부족하지만 "당신의 꿈은 안녕하십니까?"라는
내 이야기를 툰으로 그린 적이 있는데
스치니가 봐줬으면 해서 안보이게 가려둔 거 잠시 열어둘게!

홀린 듯이 글을 써서 댓글을 달았어요. 그렇게 술술 써놓고, 내 글을 다시 보면서 깨달았습니다.
'아, 내가 자꾸 나의 이야기를 쓰고 싶었던 이유가 이거였구나.'
'부당한 환경에서 참고 살다 겨우 빠져나와 나를 돌보는 중인 내가, 나와 비슷한 사람들에게 말하고 싶구나.'
막연하게 느껴지던 저의 목표들이 **나도 모르게 술술 써놓은 나의 진심을 텍스트로 보면서 명확해지는 순간**이었어요.

많은 조건의 타이밍이 절묘했다고 생각합니다. 본업인 개발로 인해 그림과 툰은 우선순위가 밀려있다가 잠시 휴직을 하는 순간이었고, '이 상황을 기회로 삼아 새로운 것들을 다 도전해 봐야지' 하는 마음을 먹은 상태였고, 스레드의 알고리즘이 뷰이님의 모집 글을 내 눈앞에 가져다주었고, 그래서 용기를 가지고 댓글을 달고 싶어졌으니까요. 그 상황이 아니었다면 누군가의 글에 제 이야기를 술술 써놓지 않았을 거예요.

사실, 이런 저의 개인적인 이야기를 에세이라는 것을 통해 상세하게 풀어내는 것에 망설임이 많았습니다. 지금도 그런 망설임이 조금 남아 있어요. 이 이야기는 단순히 저만의 것이 아닌 전 남편과의 일이었고, 이렇게 글로 남기면 언젠가는 나의 아이들이 보게 될 수 있으니까요.

'내 이야기를 남기는 것이 아이들에게 어떤 의미가 될 수 있을까?'라는 생각이, 아니 걱정이 많이 들었습니다.

그럼에도 불구하고 새로운 도전을 하겠다고 마음먹었으니, 뷰이님의 '뷰이듀스 101' 참여를 권하는 댓글에 '에라, 모르겠다!' 하며 덜컥 참가 신청을 하게 되었습니다.

'뷰이듀스 101'은 모두 스레드에 글을 올려 그 글의 링크로 참가하는 형식이었는데요.

처음에는 스레드라는 공개적인 곳에 글을 올리는 것이 부담스러웠지만, 지금은 아주 좋은 방법이었다는 생각이 들어요. 중간에 제 알고리즘이 터져서 '와, 이거 주목 받을 수 있는 내용이었구나?'라고 느낄 수 있었거든요.

감사하게도 '뷰이듀스 101' 본선까지 진출하게 되었고 본선 투표를 위한 여러 스레드를 쓰던 중 한 글이 빵! 떠서 조회수가 5.4만을 넘기고 좋아요가 1,717개, 댓글은 500개를 넘기게 됩니다.

그러면서 많은 분들의 피드백을 들을 수 있었어요. 본인들의 부당한 상황들을 털어놓기도 하며 공감과 위로를 해주었고 허구가 아니냐, 실제로 일어난 일이 맞냐는 이야기도 꽤 많았습니다.

사람들의 많은 피드백을 보며 다시 한번 느끼게 되었습니다.

'**어떤 삶은 드라마보다 강력하다.**'

'**같은 사건을 두고 사람 의견의 간극은 굉장히 클 수 있다.**'

누군가는 허구라고 생각하는 삶을 살아가는 사람의 이야기를 들려주고 싶다고 생각했습니다. 그리고 비슷한 삶을 살아가는 사람들에게 '당신은 혼자가 아니다'라는 메시지를 조금 더 적극적으로 주고 싶어졌습니다.

그리고 이러한 저의 이야기가, 그리고 저의 도전이 제 아이들에게 용기와 도전 정신을 줄 수 있을 거라는 생각이 들기 시작했습니다.

'뷰이듀스 101'은 비록 3인의 결선에서 떨어졌지만, 저의 이야기가 스레드에서 퍼지면서 많은 사람들의 반응을 얻으며 '나의 이야기가 글이 되어 퍼질 수 있다'는 **가능성을 보는 계기**가 되었고, 글을 계속 이어가려고 합니다.

나의 이야기를 표현하기를 망설이는 분들에게 말해드리고 싶어요.

"일단 해보세요. 도전하세요. 무엇이 되었든 당신에게 새로운 변화가 되어줄 거라고 확신합니다."

글:
가둬 온 것들을 꺼내는 것

(로와)

 어린 시절, 나는 블로그에 글을 쓰는 것을 좋아했다. 사춘기 시기의 격렬한 내적 변화를 겪으며 혼란 속에서도 나를 찾기 위해 고군분투했던 것이다. 그리고 그 과정은 고스란히 내 블로그에 기록되었다. 어쩌면 그때부터였을까? 내 안에 있는 것들을 세상에 꺼내고 싶다는 열망이 시작된 것은.

 나는 언제나 말하고 싶었다. 나 자신에 대해, 내 내면에 대해, 내 안에서 들끓는 열망과 고민, 그리고 그 끝에서 내가 발견한 것들에 대해. 내가 하는 말이 전부 진리라는 것은 아니다. 하지만 내가 깨달은 이 보석들을 언젠가 세상에 내보이고 싶었다. 내 안에서 고여만 가는 것들을 세상에 펼쳐 보이고, 그로 인해 사랑받고 싶었다.

 돌이켜 생각해 보면, 내 생각을 꺼내어 사람들과 이야기할 때 내게 돌아오는 반응들은 꽤나 의미 있었다. 그런 경험들이 쌓일수록 점점 더 확신이 들었다. 그 피드백들을 마주하면 할수록 점점 더 내 안의 것을 바깥으로 꺼내야겠다는 확신이 들었다. 때로는 답답했다. 내가 직접 글로서 선한 영향을 줄 수 있다면 세상 사람들이 조금은 더 행복해지는 데 도움을 줄 수 있지 않을까?

예전에 본 영상에서 "이 미친 세상에서 미친 사람으로 사는 게 어쩌면 정상 아닐까?"라는 대사가 있었다. 그리고 나는 그 말이 참 와닿았다. 지금에서야 인정받고 칭송받는 철학자, 시인, 예술가, 사상가들이 당대에는 받아들여지지 않거나 반응이 없거나, 조롱받더라도 후세에 그 능력을 인정받아 영광을 찾는 일이 비일비재한 사례를 많이 봐왔다. 그렇다면 내가 하는 말이 누군가에게 욕을 먹을지언정, 심하게 말해 돌을 맞을지언정, 나의 정신이 이끄는 이야기들을 책이라는 매체를 통해 울부짖는 것이야말로 과거의 작가들이 했던 일이 아니었을까? 내가 하는 이 말들도 어느 시대엔 맞닿아 있을 거라는 희망으로, 이 세상을 향해 외쳐보는 것이다. 설사 지금은 아무도 알아주지 않더라도.

시간이 지나 보면 내 말이 맞았던 때. 왜 더 확신을 가지고 내 의견을 펼치지 못했을까 하는 아쉬움과 억울함도 늘 마음 한켠에 남아 있다. 그렇다고 해서 침묵할 수는 없다. 우리는 이야기해야 한다. 말을 하면서 생각을 수정하고, 세상과 부딪치며, 나만의 것을 찾아가야 한다. 그래야 고여 있지 않을 수 있다. 내가 틀릴까 봐 이야기하지 않는다면, 내 안의 것들은 점점 썩어갈 것이다. 그러다 결국, 그 울분이 쌓여 말이 많아지는 어른처럼, 꼰대처럼 변해버릴지도 모른다. 그래서 이 책은 날것 그대로 써보고 싶다.

SNS에 쓰는 글은 아무래도 사회화된 표현이 섞일 수밖에 없고, 많은 사람들이 언제든지 볼 수 있기 때문에 조금 더 친절한 페르소나를 입게 된다. 하지만 책에서는 정말 있는 그대로 쓰고 싶었다.

어린 시절 나는 소심하고 자기주장을 잘 하지 못하는 아이였다. 적어도 대외적으로는 그랬다. 하지만 나를 잘 아는 친구들은 알 것이다. 나는 누구보다도 자기주장이 강하고, 말이 많은 아이였다. 그때는 세상을 다 아는 것처럼 굴었지만, 사실 그 어린 나이에 세상을 얼마나 알았겠는가 지금 돌아보면 당연히 부족한 점도 많았다. 지금도 마찬가지겠지만 다듬어지지 않은 것이 있었다. 그렇지만 그 안에는 알맹이들이 있었다.

나는 사회 문제, 인간관계, 심리적인 부분에 대해 말하고 싶은 것들이 많았다. 하지만 고등학교 때까지는 내 이야기를 쉽게 꺼낼 수 없었다. 그러다 대학에 들어가면서 처음으로 나의 생각을 자유롭게 이야기할 수 있는 환경이 생겼다.

바로 대학 캠프에 참가했을 때이다. 내 의견을 발표하는 시간이 있었는데, 나는 늘 그랬듯이 내 의견이 취급받지 못할까 봐, 욕을 먹을까 두려워 망설였다. 하지만 용기를 내어 말을 꺼냈을 때, 사람들은 내 이야기를 귀 기울여 들어주었고, 그 피드백 속에서 "정말 말을 잘한다", "너무 좋은 내용이었다", "나도 생각해 보게 된다"와 같은 말을 들었다. 그때 처음으로 나의 이야기가 누군가에게 닿을 수 있음을 느꼈다. 그리고 그 순간, 처음으로 강렬한 성취를 느꼈다. 너무도 짜릿한 카타르시스였다. 그 이후로 과거의 기억들이 파편처럼 떠올랐다.

국어 선생님께서는 수업 시간에 내 글을 칭찬하셨지만, 같은 반 친구들은 "너무 어렵다"며 읽기를 포기했다. 중학교 때 담임선생님이셨던 국어 선생님께서는 교무실로 나를 불러 "너라면 이 책을 이해할 수 있을 거야"라며 두꺼운 고전 문학을 건네주셨다. 그리고 나는 그 책을 끝까지 읽었다. 그때부터 나는 도서관에서 고전 문학을 찾아 읽기 시작했다. 그 선생님은 아마도 내가 다른 아이들과는 조금 다른 지점이 있다는 것을 알아봐 주셨던 것 같다. 이러한 기억들이 쌓여, 지금의 내가 되었다.

외면받았던 기억, 인정받았던 기억. 그리고 주위의 시선에 겁을 먹고 내 진정한 자아를 숨겼던 기억들. 나는 사회적으로 용인되기 위해 멀쩡하고 무난한 사람처럼 보이려 애썼고, 깊이 사유하는 나를 내면 깊숙이 감추두었다. 하지만 그 억눌림은 오히려 내 안에서 거대한 욕망이 되어 글로 터져 나오려 했다. 그것이 지금의 내가 가진 글에 대한 욕망의 시발점이자 내가 책을 써야겠다는 마음의 시초가 되었다. 그것이 지금의 나를 만든 것이다.

 나는 더 이상 나의 생각을 가둬두고 싶지 않다.

 이제, 말할 때가 되었다.

나는 흐려지고, 글은 남았다

(자별)

　나는 글을 전공하지 않았다. 글을 오래 써오지도 않았다. 그저 잘 쓰는 사람들을 부러워하며, 나도 언젠가 그렇게 써보고 싶다고 생각을 했을 뿐이다. 막상 펜을 들면 머릿속이 하얘졌다. 무엇을 써야 하지? 누가 내 글을 읽어줄까? 한참을 망설인 끝에 내린 결론은 단순했다.

　일단, 써보자.

　그 무렵, 예상하지 못한 제안을 받았다. 지역 신문에 짧은 글을 써보지 않겠냐는 이야기였다. <나를 흔든 한 문장>이라는 주제였다.

　'내 글이 신문에 실린다고?'

　누군가 내 글을 읽게 될 거라는 생각에 두려웠다. 공감은 못 받아도 비난은 받고 싶지 않았다. 내 얼굴과 실명이 함께 실릴 예정이었기 때문에 더 고민됐다. 만약 내 글이 부족하다면? 신문사에서 "이 글은 싣기 어렵겠습니다"라고 통보하지는 않을까? 불안한 마음이 앞섰다. **두려움은 컸지만, 기회는 늘 불안정한 상태로 온다.** 망설이다 결국 원고를 보냈고, 며칠 뒤 글은 신문에 실렸다.

내 이름이 인쇄된 활자를 보았을 때, 마치 내 속을 들킨 기분이었다. 부끄러웠다. 그런데 이상하게, 기분은 좋았다. 신문은 딱 한 부만 왔다. 조심스럽게 접어 할아버지와 할머니께 드렸다. 손녀의 글을 읽은 두 분은 유난히 기뻐하셨고, 신문을 오려 따로 보관하셨다. 그 한 장으로 조용한 효도를 한 기분이었다.

내가 쓴 글은 완벽한 시작이 아니면 도전이 어려운 사람들에게 전하는 내용이었다. "세상에 모든 짓을 해보세요!"라고 말해주는 글이었는데, 이 글을 본 지인이 이렇게 말했다.

"이 글을 보니까 나도 뭔가 시작할 수 있을 것 같아."

그 한마디가 나를 멈춰 세웠다.

'내 글이 누군가의 마음을 건드릴 수 있다면, 계속 써야겠다.'

그런데 가만히 생각해 보니, 나는 이미 글을 쓰고 있었다. 오래전부터 블로그에 글을 썼고, 인스타그램에 사진과 짧은 글을 남겼다. 글은 늘 내 곁에 있었고, 글을 통해 세상과 연결되고 있었다. 그제야 깨달았다.

"나는 이미 쓰는 사람이었구나."

그 이후로 글쓰기는 내 일상이 되었다. 첫째를 등원시키고, 둘째를 재운 후 커피를 내린다. 책상 앞에 앉아 어제를 돌아보고, 오늘의 계획을 정리한다. 짧은 글은 SNS에, 조금 더 천천히 읽히고 싶은 글은 블로그에 올린다. 브런치에 연재하기도 한다. 어떤 날은 단어가 흘러넘치고, 어떤 날은 한 문장을 붙잡고 한참을 고민하는 날도 있다. 글쓰기는 '**특별한 사건**'이 아닌, '**오늘도 하는 일**'이 되었다.

  자연스럽게 필사를 하는 것이 하루 루틴이 되었다. 필사를 하면서 떠오르는 생각들을 짧은 글로 남겼다. 그러면서 나는 조금씩 바뀌었다. 감정을 글로 꺼내는 법을 알게 되었고, 나를 바라보는 시선도 달라졌다. 무거운 날은 조금 더 가볍게 흘려보내고, 기쁜 날은 더 오래 음미하게 되었다. **어느 순간부터, 내 하루가 글을 쓰기 전과 후로 나뉘기 시작했다.**

  육아는 사랑만으로 버티기 어려운 시간이다. 아이를 잘 키워야 한다는 압박감, 무언가 잘못되면 모두 내 탓 같다는 죄책감, 화를 내고도 '미워하면 안 된다'는 자기 검열.

  '엄마'라는 말은 자주 들리지만, 내 이름은 좀처럼 불리지 않았다. **나는 육아를 하면서 자꾸만 투명해졌다. 아이들은 자랐고, 나는 흐려졌다. 그래서 썼다.** 감정을 꺼내놓고, 마음을 정리하고, 나 자신을 붙잡기 위해. 그 과정 속에서 알게 됐다. 이건 나만의 이야기가 아니라는 걸.

  비슷한 무게를 견디는 엄마들과 글로 연결되고 싶었다. 완벽하지 않아도 괜찮다고, 우리는 이미 충분히 잘하고 있다고, 아무도 말해주지 않으니 우리끼리라도 말하자고.

"저도 힘들어요. 그렇지만 함께 이겨낼 수 있어요. 우리는 모두 대단하고 특별한 사람들이에요."

그렇게 필사와 글쓰기를 하는 모임을 만들었다. 책을 읽고, 문장을 필사하고, 짧은 글을 나눴다. 작은 기록들이 서로에게 말 없는 위로가 되었고, 덕분에 오늘을 더 잘 살아낼 수 있게 되었다.

이제 나는 안다. 글은 잘 써야만 쓰는 게 아니고, 누군가의 마음에 닿는다면 그걸로 충분하다는 걸. 읽히든, 안 읽히든 지금 나는 쓴다.

오늘도 나는 커피 한 잔을 옆에 두고, 노트북을 펼친다.

깊은 글 속
옹달샘

(예글)

"예글님 글은 솔직하고 귀엽고 뭔가 깨끗하달까요? 깨끗한 옹달샘이 떠올라요."

블로그에 감정 에세이를 연재할 때 종종 댓글이 달렸어요. 특히 '솔직함'에 대한 언급이 많았어요. 어떤 분은 이런 댓글을 달아주셨어요.

"예글님 글은 정말 솔직해서 저도 몰랐던 제 안의 감정도 다시 돌아볼 수 있는 것 같아요."

댓글을 달지 않은 분들도 많았지만, 공감 버튼은 많이 눌러주셨어요. 블로그에 글을 쓰면서 그렇게 많은 공감수는 처음이었던 것 같아요. 정보 관련 글은 조회 수는 높았지만 공감 수는 적었어요. 그에 반해 감정 에세이는 조회 수 대비 공감 수가 엄청 높았어요.

그전에는 감정을 글로 표현하는 것이 어색했어요. 글을 쓸 때마다 '이렇게까지 솔직하게 써도 될까?' 하는 고민이 많았죠. 그런데 사람들이 제 글을 보고 공감해 준다는 걸 알았을 때, 비로소 깨달았어요. '아, 창

피할 정도로 솔직하게 글을 쓰면, 사람들은 오히려 더 공감하는구나.'
그게 제 글쓰기 방식의 전환점이 되었고 여전히 제 글의 주요한 색깔이라고 자부해요.

처음 온라인에서 뭔가 해보겠다고 마음먹었을 때, 제가 가장 먼저 실행했던 것이 전자책을 쓰는 일이었어요. 전자책의 주제는 대화법이었고, 제목은 "투명한 대화법"이었지요. 감정 에세이를 쓰기 1년 전 시점이었을 거예요.

지금 생각해 보면 그 시점에 제가 대화법에 관한 책을 쓸 만한 자격이 있었는지는 잘 모르겠어요. 하지만 그 당시에는 남편과 결혼한 지 얼마 안 되었을 때였고, 많이 싸운 끝에 깨달은 남편과의 대화 방법을 정리하면 좋겠다고 생각했어요. 그래서 집필을 시작했죠.

책을 쓴 직후에는 많이 팔리길 바라며 블로그에 홍보도 열심히 했어요. 하지만 몇 달이 지나니 제 책이 좀 부끄러워지더라고요. 다시 읽어보니 글 구조가 조금 부족해 보이고 아쉬워 보였어요.

그런데 1년 뒤에 감정 에세이를 쓰면서 사람들의 공감을 많이 받다 보니, 문득 이런 생각이 들었어요.

'아, 내가 아무 자격 없이 대화법 책을 쓴 건 아니었을 수도 있겠다.'

제가 쓴 대화법 책의 핵심도 결국은 '솔직함'이에요. 상대방과의 대화에서 가장 중요한 건 진심을 나누는 것이고, 블로그에 에세이를 쓰면서 느낀 점은 글쓰기도 결국 다르지 않다는 것이에요. 솔직한 글로 독자에게 진심을 전할 수 있어요.

  이제 저는 '투명한 대화법'을 넘어서 '투명한 글쓰기'로 확장해서 더 깊이 탐구하고 싶어요. 어쩌면 언젠가 '투명한 글쓰기'라는 책을 쓰게 될지도 모르겠어요. 아니, 쓰고 싶어요! 솔직하게 꾸밈없이 써 내려간 글이 한 사람의 마음을 움직일 수 있다면, 그보다 더 가치 있는 일이 또 있을까요? 이 공동 저서도 '투명한 글쓰기' 책을 쓰기 위한 초석이 될 수도 있겠죠?

  여러분은 어떤 글에 가장 공감하시나요? 솔직한 글을 읽었을 때, 어떤 감정을 느끼셨나요? 제 글이 누군가의 마음에 닿기를 바라며, 저는 오늘도 솔직한 글 한 줄을 써 내려가 보려고 해요.

나만의 색,
나만의 반짝임

(빛옴)

 나의 꿈은 명확하다. 모두 실현 가능한 일이고, 다만 그것들을 하는 과정에서 일어나는 모든 것을 섬세하게 계획하지 않는다. 커다란 아웃라인만 잡아놓고, 작은 섬세함은 그 순간과 환경에 따라 맞춰가리라 마음을 먹었다. 그중 하나가 '책'이었다.

 직장 생활을 그만두고 어떤 일을 해야 할지 고민하던 그때, 아무리 생각해도 특별한 것이 떠오르지 않았다. 무엇을 해야 할지 몰라서 방황했고, 그 시간에도 꾸준히 했던 것은 글쓰기였다. 앞서 말했듯 혼자만의 시간에 켜켜이 묵은 후회, 하소연, 불안, 외로움, 원망, 즐거움 등 모든 것을 글로 내뱉었으니까.

 조금씩 내가 가야 할 방향을 찾았고, 출강도 나가다 보니 출간이 절실하게 다가왔다. 그러나 자꾸만 이전의 고정관념이 나의 출간을 방해했다. 출간을 생각했지만 그럴 때마다 '내가 뭐라고…' 하는 생각이 더 커졌다.

그러던 중 지인이 '25년에는 출간을 목표로 합시다'라는 말을 던졌다. 역시 궁하면 통하는 것일까? 아니면 끌어당김의 법칙일까?

스레드를 시작한 지 얼마 되지 않아 뷰이님과 우연히 친구를 맺게 되었고, 그분이 재미있는 제안을 했다. 그것이 '뷰이듀스 101'이다. 글을 써놓은 게 많아서 책 내용에 대한 걱정은 없으나, 어디서부터 어떻게 시작할지 모르던 내게 선물 같은 시작이었다.

종교는 없으나 정확히 말하고 쓰면, 언젠가는 들어준다는 믿음으로 '제가 원하고 바라는 일에 좋은 사람을 보내주세요'라고 기도했던 때이다. 그 말을 떠올리며 '이분이군요!' 하며 덥석 신청했다. 일기장 검사나 보고서 또는 계획서로 평가받는 게 전부였는데, 처음으로 심사위원들의 피드백을 받았다. 두 명의 심사위원이 전혀 다른 포인트로 심사를 한 것이 재밌게 느껴졌다.

나는 평상시 말투가 부드럽고, 찬찬해서 내 글도 그러리라 생각했다. 워낙 말을 많이 해야 했던 직업이라 말하는 것에 대해서는 녹화하여 분석할 정도로 생각을 많이 해봤는데, 글에 대해서는 깊이 있게 생각을 안

해본 듯하다.

'글 쓰는 거 좋아해' 내지 '친구들이 재밌어 하네?' 이 정도로만 여겼지, 글이 어떤 분위기를 풍기는지, 내가 어떤 단어를 쓰는지는 생각해본 적이 없었다. 예선과 본선의 심사평을 받았을 때, 그리고 본선 진출 글을 친구에게 보여주며 조언을 구했을 때 알게 되었다.

'강.하.다.'

나의 표현이 생각보다 강한 것을 알아차리게 되었다.

'시체처럼', '처맞는다' 등 글을 통해 나에 대해 알 수 있는 것들이 참 많다고 생각했다.

스트레스 해소용이나 일상의 기록 또는 놀잇감으로서 글을 대했는데, 책을 내려고 보니 글이 다시 보인다. 현실 속의 나와 글 속의 나는 같은 듯 다른 자아가 보였다. 훨씬 더 자유분방하고 거칠다. 정제되어 있지 않은 순수한 목소리였다.

-날카로웠다.

-원초적이었다.

-해학적이었다.

-생각보다 더 씩씩했고, 유쾌했다.

글을 읽고 또 읽으면서 글 속에서 나를 보았다. 새로웠다. 그리고 어느 날 썼던 문장이 눈에 들어왔다. 내 글 속에서 내가 묻어났다. 그 글 속에서 내가 보였다.

글쓰기가 좋은 이유는 모든 것이 소재다.
글이다.
나다.

나는 특별한 이야기를
쓰지 않는다

(자별)

얼마 전, 운영 중인 필사 모임 <오필오생>의 한 멤버가 채팅방에 글을 남겼다.

"*자별님 글은 자별님만의 특별함과 반짝임이 있어요. 꾸준히 써주시면 감사할 것 같아요.*"

한참 부족하다고 느끼던 나에게, 이런 말을 해주다니. 감동이었다. 필명을 '자별'로 짓길 잘했다는 생각이 들었다. '자별하다'는 '본래부터 특별하다'는 뜻이다.

"우리는 모두 특별하다. 나도 그렇다."

이 믿음으로 글을 쓰기 시작했다. 이름 따라간다고 하지 않던가. 이제는 이름에 걸맞은 글을 쓰고 싶다. 처음엔 그냥 떠오르는 생각을 썼다. 너무 사소해서, 너무 평범해서 쓰기를 망설였던 이야기들.

'이걸 누가 읽지?'

'기록할 가치가 있을까?'

'뷰이듀스 101' 저자 오디션에 지원했을 때도 같은 고민을 했다. 그런데 계속해서 읽고, 다듬다 보니 내 글 안에 '특별함'이 있다는 걸 알게 됐다.

나는 화려한 문장을 쓰지 않는다. 드라마틱한 사건을 쓴 적도 없다. 하지만 내 글에는 나만의 시선이 있었다. 지나칠 수 있는 순간에서 의미를 찾고, 사소한 감정도 붙잡아 기록했다. 그게 내 글을 특별하게 만들고 있었다.

글은 또 하나의 '나'였다. 회사를 그만두기로 마음먹었던 순간들, 그 선택을 하기 위해 시도하고 실패했던 경험들, 상실감과 우울, 그리고 그것을 이겨내려는 몸부림까지. 그 모든 시간이 글 속에 담겨 있었다. 내 글이 누군가에게 깊은 통찰감을 주지 못할 수도 있다. 하지만 이렇게 말할 수 있다.

"저는 이렇게 겪었어요. 이런 생각을 하게 됐어요."

"뭔가 해보고 싶다면, 일단 시작해 보세요."

"당신도 할 수 있어요."

내 글은 크고 강한 메시지를 던지기보다, 조용히 곁에 머무는 말을 건넨다. 그게 내가 쓰는 글의 색이다. 그 후로, 그 색을 조금 더 짙게 칠하려고 애썼다.

'이 문장은 나다운가?'

'내가 진짜 느낀 감정은 이건가?'

'이 표현은 내 안에서 나왔나?'

스스로에게 계속 물었다. 글을 쓰기 전엔 그냥 지나쳤던 풍경과 감정들이 눈에 들어오기 시작했다. 바쁜 등원을 마치고 돌아오는 길, 가로수 위에 앉은 직박구리를 보고 계절의 변화를 느낀다. 겨울 끝자락, 아직 차가운 바람 사이로 스며드는 봄 내음. 변화는 늘 작은 곳에서 먼저 시작된다.

아이가 무심코 던진 한마디에 멈춰 선다.

"엄마 품은 따뜻한 햇살 같아."

그 짧은 문장을 붙잡아 흐르는 세월을 글로 기록한다. 아이의 한마디에도 시간이 묻어 있다는 걸, 글을 쓰고 나서야 비로소 알게 됐다.

매일 마시는 커피 한잔. 익숙한 향기 속에서 오늘 하루를 정리하고, 어제의 나를 토닥인다. 그저 카페인 한 모금이 아니라, 내 일상에 스며든 작은 위로다.

이렇게 사소한 순간들이 쌓여, 내 글은 점점 나를 닮아간다. 계절의 변화처럼 조금씩 달라지고, 세월의 기록처럼 조용히 깊어져 간다.

아직 완벽한 색은 찾지 못했다. 하지만 예전처럼 백지를 앞에 두고 망설이지 않는다. 이제는 퍼져가는 나만의 색을 따뜻하게 바라보는 여유가 생겼다. 나는 더 이상 '내 이야기가 특별한가'를 고민하지 않는다.

기록하는 순간, 이미 특별해지니까.

잎이 떨어졌다고
나무가 쓰러지는가

 찬바람에 찌르르 떨었던 때가 엊그제 같은데, 어느덧 추위도 접혔다. 거리마다 지나치는 나무들은 여전히 이파리 하나 없이 가지가 텅 비었지만, 눈에 보이지 않는 그 여백에는 깜빡 잊어버린 사이 봄이 들어차고 있다. 그처럼 새해가 찾아올 때 은연중에 품었던 기대.

 '올해부터는 더 좋은 일이 있을 거야.'

 계절은 봄부터 시작하지만 새해는 겨울부터 시작해서, 내 형편은 아직 따듯하지 못하다. 정신없이 3월이 다가올 동안, 시간만 날려 먹은 기분. 2월 중순부터는 책을 써야겠다 생각해 뒀었는데 여태 시작도 안 했다. 사실 글을 쓰고 싶다는 생각도 요즘은 안 든다.

 무슨 일이 벌어진 걸까. 글쓰기를 시작한 이래로 9년 만에 처음 겪는 일이라 알쏭달쏭한 상태. 글쓰기가 싫어진 것도 아니고, 글 쓰는 일이 괴로운 것도 아닌데. 글쓰기로 긁어 오던 어딘가의 근질거림이 사라져 버렸다. 해탈? 그런 건 아니다. 평화롭다 믿었던 일상 아래 숨어있던 불안? 잘 모르겠다. 심리적 표류 상태에 빠진 걸까. 갑작스레 떠난 2주간의 출장으로 혼자 모텔방에 있어 보니, 저절로 돌아보지 않고는 못 배기는 삶이다.

　은행 앱에 수시로 들어가 보는 카드 할부. 이명 치료 때문에 냈던 한약 값을 세 달이나 더 내야 한다. 큰맘 먹고 시작했던 이명 치료는 결국 관뒀다. 주말마다 판교까지 한의원에 가서 침을 맞고 매일 한약을 먹어도, 종일 이명이 울리는 건 달라지지 않았다.
　이명 환자마다 들리는 소리가 다른지는 모르지만, 내 이명은 뭐랄까. 드라마에서 의식불명인 환자가 심장이 멎을 때 울리는 '삐-' 소리. 그 소리가 아침에 일어나 밤에 잠들 때까지 멈추지 않고 들린다. 소리가 큰 건 아니라 일상생활을 할 때엔 일상소음 때문에 들리지 않지만, 주변이 조용해지면 어김없이 들린다. 내 생에 고요는 이제 없어진 셈.
　그나마 다행인 건 이명이 들린다 해서 어디가 아픈 게 아니라서, 이걸로 스트레스를 받진 않는다는 것. 다만, 그 소리가 드라마에서 듣던 그 소리와 비슷해서인지, 내가 가진 생명의 불꽃이 활활 타오르던 시기를 지나 이제는 꺾여버렸다는 걸 받아들일 수밖에 없다. 그걸 깨닫고 나서도 할부로 남은 한약 값을 내고 있으니 속 편할 리 있나.
　지난 주말엔 십 년 만에 안경 가게를 갔다. 라식 수술을 한 지 십 년이 지나자 세상이 뿌옇게 되어 새 안경을 맞춰야 했다. 해가 넘어갈 때마다 눈앞이 점점 뿌예지는 건 서글프다. 그렇게 들어간 안경 가게의 사장님은 오래전 안경을 맞추러 왔던 나를 알아봤다. 초등학생, 고등학생 때 안경을 맞추러 왔었으니 새삼 사장님의 눈썰미가 대단하다 싶었는데. 그 시절과 별반 달라지지 않은 사장님의 모습이 더 신기했다. 안경이 불편해 라식 수술을 한 뒤, 그렇게 다시 안경을 써보니까 예전과 달리 불편하진 않았다. 오히려 뿌연 세상이 또렷이 보이니 머릿속이 맑아진 느낌. 그제야 정신을 차리고 만다.

'나… 지금 제대로 된 게 아무것도 없구나….'

일이든 꿈이든 사랑이든, 내가 이뤄놓은 게 뭐 있나. 기울어 가는 회사의 계약직 나부랭이에다, 지난 달엔 인세가 고작 몇백 원 들어온 쭉정이 작가. 결혼을 꿈꾸면 뭐하나, 정작 연애도 못하고 있는데. 남들 다 부러워하는 젊음 말고는 딱히 장점도 없는 내게, 그 젊음마저 이제 저물기 시작했다.

한때는 왜 이렇게 운이 없을까 하고 억울해한 적도 있다. 노력은 충분했으니, 결과가 만족스럽지 못한 건 운 때문이라 여겼으니까. 사실 그 노력이란 게 충분했던 게 아니라, 내 노력에 그저 만족해 버렸던 건가 싶다. 이 정도 했으면 됐다고. 재능이 없단 걸 깨달아도 남들 눈에 보이지 않는 노력을 계속한다는 게 어디 평범한 일인가. 발전 없는 노력의 계속. 그게 멎은 심장 박동과 뭐가 다를까.

'삐-' 소리와 함께 끝없이 이어지는 수평선. 비로소 지친 거다. 지쳐도 또 하다 보면 그마저도 지나갈 거라는 기세로 해왔지만, 나만큼이나 지침도 끈질겼다. 내 몸이 고요를 박탈하길래 가만히 살면 안 되는 줄 알았건만, 지친 내 몸은 이제 아무것도 하지 말라는 듯 열정에 찬물을 끼얹는다.

이쯤 되면 마음이 폭삭 주저앉을 만도 한데. 그런 내 몸에 비해 내 마음은 너무 단단해진 지 오래라, 가만히 당해주질 않는다. 겨우내 출근길마다 마주한 거리의 나무들을 또 떠올린다.

자, 저 애들을 좀 봐라. 잎이 떨어졌다고 저 가지가 바람에 더 흔들리는가. 잎이 떨어졌다고 저 나무들이 쓰러지는가. 귀에서 소리가 나고 눈이 나빠져 안경을 쓴다고. 변변찮은 직장에 돈 못 버는 글쟁이라고. 연애도 못 하고 나이만 먹는다 해서 인생이 어디 망하는가. 그런다고 내일 당장 꼴까닥 죽어버리는가. 초라하더라도 버텨라. 사람들은 너의 뿌리가 얼마나 단단한지 모른다. 잘된 게 아무것도 없다고 맛난 걸 못 먹는가. 노래를 못 듣는가. 가족이, 친구가 떠나는가. 웃기는 일이 없는가. 일어서지 못하는가. 아름다운 걸 눈에 담지 못하는가. 너의 손으로 너의 마음을 베지 마라. 우리를 지키는 건 무언가 잘된 일들이 아니라, 늘상 우리를 둘러싸고 있는 것들이다. 살아라. 살아만 있으면 인생에 기회는 또 온다. 넘어진 자신을 멱살 잡고 흔들어 봐야 다시 일어설 힘만 빠진다. 그냥, 살게 놔둬라. 그러다 보면 다시 잎이 자라고 꽃이 피고. 꽃 떨어질 즈음 열매가 맺혔다가 낙엽이 바스라지더라도. 너는 너대로 남을 테니까.

글이 되는 순간,
아물기 시작한 마음의 상처

(앤소장)

아이의 울음 너머로 보인 나의 어린 시절

 글을 쓰는 일은 마치 새로운 렌즈를 통해 세상을 바라보는 것과 같아요. '아이와 함께 자라는 중입니다'라는 글을 쓰면서, 저는 지금까지 미처 보지 못했던 여러 가지의 것들을 발견하게 되었어요. 특히 제 경험을 글로 옮기는 과정에서, 저는 과거의 사건들을 다른 시각으로 바라보게 되었답니다.

 아이의 울부짖음을 글로 표현하면서, 문득 제 어린 시절이 다시 떠올랐어요. 열두 살 때 겪었던 전신 마비는 그저 힘든 기억으로만 남아있었는데, 글을 쓰면서 그 경험이 전혀 다르게 다가왔네요.

 "그 모든 것을 참다 참다 열두 살 때 결국 속앓이가 폭발했고, 마음에 쌓인 무게가 너무 버거워 전신에 마비가 왔어요."

 이 문장을 적으면서, 저도 모르게 눈물이 흘렀어요. 그때의 열두 살 소녀는 화를 내는 법을 몰랐고, 고단한 삶을 살고 있는 부모에게 투정을 부릴 생각을 못 했던 거였어요. 그저 다 참아내면 좋은 아이가 될 수 있을 거라 믿었죠. 아이 때의 저도 울부짖고 싶었던 거예요. '엄마, 아빠, 내 마음 좀 알아주세요!'라고요. 제 아이의 울음 속에서 저의 어린 목소리를 들은 것 같았어요.

침 치료를 받던 그 시간들, 매일 맞았던 침의 통증이 40년 가까운 시간이 지난 지금도 생생해요. 그때는 그저 견디기만 했는데, 이제 와서 생각해 보니 그 아픔은 제가 말로 표현하지 못했던 모든 감정들의 신체적 표현이었던 거예요. 글을 쓰기 전에는 그저 '고통스러운 경험'으로만 기억했던 그 시간이, 사실은 제가 세상에 보내는 간절한 신호였다는 걸 이제야 알게 되었어요.

아이가 온몸으로 울부짖던 그 순간과 제가 마비로 쓰러졌던 그 순간이 같은 말을 하고 있었던 거죠.

"나를 봐주세요, 내 마음에 귀 기울여주세요."

아이들은 각자 다른 방식으로 자신의 감정을 표현합니다. 어떤 아이는 울음으로, 어떤 아이는 짜증으로, 어떤 아이는 침묵으로…. 그 표현 방식은 다르지만, 그 안에 담긴 메시지는 비슷하다는 걸 깨달았어요.

아버지를 바라보는 새로운 시선

아버지에 대한 기억을 글로 풀어놓으면서도 많은 변화가 있었어요.

글을 쓰기 전에는 '아버지를 이해하게 되었다'고 막연히 생각했지만, 실제로 그 감정을 문장으로 표현하는 과정에서 더 깊은 이해가 찾아왔어요.

"다른 사람들과는 조금 다른, 아버지만의 특성이 보이기 시작한 거죠. 지금 생각해 보면 아버지도 그런 자신의 모습과 싸우며 나름의 방식으로 최선을 다하셨을 거예요."

이 문장을 쓰면서, 저는 아버지도 자신의 감정과 싸우며 고통스러웠을 것이라는 생각이 들었어요. 욱하며 화를 내고 난 후 아버지의 눈에 고여 있었을 후회의 눈물을, 이제야 보게 된 것 같아요. 어쩌면 아버지도 자신의 모습을 통제하지 못해 괴로웠을지도 모른다는 생각이 들었네요.

그동안은 아버지의 행동이 저에게 미친 영향만 생각했는데, 글을 쓰면서 아버지의 내면에도 들어가 보게 된 것 같아요. 어쩌면 아버지도 자신의 특성이라는 감옥에서 살아가셨던 건 아닐까요? 자신도 어쩔 수 없이 터져 나오는 감정들과 사투를 벌이셨을지도 모르겠어요. 그렇게 생각하니 어린 시절의 상처가 조금은 다르게 느껴지기 시작했어요.

이렇게 부모를 이해하게 되면서, 저는 제 아이들을 대하는 방식도 달라졌어요. 우리는 모두 완벽하지 않고, 각자의 방식으로 성장하고 있다는 것을 인정하게 되었습니다. 부모인 저도 여전히 배우는 중이고, 때로는 실수도 하고, 그 실수로부터 배우면서 함께 성장하고 있는 거예요.

'빨강머리 앤'을 통해 발견한 다름의 가치

'빨강머리 앤'에 대한 이야기를 쓰면서도 새로운 발견이 있었어요. 글을 쓰기 전에는 앤의 이야기가 산만하고 감정 조절이 잘 안되는 아이를 키우는 데 도움이 된다고만 생각했는데, 실제로 글을 완성하고 보니 그것보다 더 깊은 메시지가 있었어요.

이 과정에서 제가 정말로 전하고 싶었던 것은 '다름'의 아름다움이었다는 것을 깨달았어요. 앤이 특별했던 이유는 그녀가 남들과 달랐기 때문이고, 그 다름을 인정받고 사랑받으면서 더욱 빛났던 것이죠.

글을 쓰기 전에는 단순히 '효과적인 양육 팁'에 초점을 맞추었는데, 글을 쓰다 보니 그보다 더 근본적인 '각자의 빛깔을 존중하는 것'에 대한 이야기였음을 알게 되었어요. 매튜 아저씨와 마릴라 아주머니는 앤에게 '너 그대로의 모습으로 충분히 사랑받을 가치가 있다'고 보여준 거예요. 그것이야말로 제가 아이들에게, 그리고 저 자신에게도 전하고 싶은 진짜 메시지였던 거지요.

앤의 이야기를 다시 쓰면서, 어쩌면 앤도 저처럼, 제 아이처럼, 그리고 제 아버지처럼 자신만이 가진 특성으로 많이 힘들었을 거라는 생각이 들었어요. 하지만 앤에게는 그 다름을 포용해 주는 환경이 있었고, 그것이 앤을 빛나게 해준 거예요. 우리 모두에게 필요한 것은 어쩌면 그런 포용과 이해가 아닐까요?

　모든 아이는 자신만의 속도로 성장합니다. 누군가는 빠르게, 누군가는 천천히, 그리고 그 길은 절대 직선이 아니에요. 우리가 부모로서 할 수 있는 가장 중요한 일은 그 꼬불꼬불한 여정을 인내와 사랑으로 함께하는 것, 그리고 때로는 손을 잡아주고 때로는 뒤에서 과묵히 지켜봐 주는 것이 아닐까 싶어요.

글쓰기가 선물한 연결

　글을 쓰면서 가장 놀라웠던 것은 제 과거, 아이의 현재, 그리고 미래에 대한 희망이 모두 하나로 연결되었다는 점이에요. 처음에는 '아이들의 다양성을 이해하고 그에 맞게 양육하는 것의 중요성'을 전하려고 했는데, 글을 써 내려가다 보니 제 어린 시절의 상처와 현재 제 아이의 모습, 그리고 미래의 가족 관계에 대한 희망이 모두 담겨 있었어요.

　글을 쓰기 시작했을 때는 몰랐던 마음의 지도가 서서히 그려지는 것 같았어요. 12살의 저와 6살의 제 아이, 그리고 아버지까지 우리 모두 각자의 방식으로 세상과 소통하려 했던 존재들이었네요. 다만 그 목소리가 때로는 울음으로, 때로는 분노로, 때로는 침묵으로 표현되었을 뿐이에요.

　특히 "저는 오늘도 아이와 함께 자라는 중입니다"라는 마지막 문장을 쓰면서, 이 모든 이야기가 결국 '함께 성장하는 여정'에 관한 것임을 깨달았어요. 아이만 자라는 것이 아니라 부모도 함께 자란다는 것, 그리고 그 과정에서 우리의 과거도 새롭게 해석되고 치유될 수 있다는 것을 말이죠.

글을 통해 내 이야기를 들려주는 것은 어쩌면 어둠 속에서 작은 불빛을 밝히는 것과 같아요. 그 불빛 주위로 같은 상처, 같은 고민을 가진 사람들이 모여들 수 있겠죠. 그리고 그 자리에서 우리는 서로의 이야기를 나누며, 함께 울고, 함께 웃고, 그러면서 조금씩 치유되어 가는 거예요.

제 글이 끝나는 지점이 누군가의 이야기가 시작되는 지점이 되기를 바라면서, 저는 오늘도, 내일도, 아이와 함께 자라는 중입니다. 그리고 이제 그 이야기를 세상과 나눌 준비가 되었어요.

삶: (로와)
사람다울 것

강한 글을 쓰는 나, 부드러운 외면을 가진 나

 글을 써보면서 생각보다 나의 글이 강하다는, 아니 거칠다는 느낌을 받았다. 누군가와 비교해 본 적이 없으니 미처 깨닫지 못했던 사실인데, 내 글은 예상보다 날이 서 있었다. 그런데 다시 생각해 보면, 내 외모는 이런 내면과 정반대다. 나는 겉으로 보이는 외모와 달리 털털하고 남성적인 모습을 많이 지녔다. 욕을 안 하게 생겼지만 욕도 잘한다. 사주에 불이 많아 그런지 의외로 화끈한 부분이 있다고 할 수 있다. 단지 피곤할 일을 만들기 싫어 흐린 안경을 쓰고 넘어가는 일이 이따금 있을 뿐.

 그렇다 해도 학창 시절부터 다져진 오해로 얼룩진 내 삶의 기억들은 내 외면만 보고 나를 단정 짓는 사람들이 나타날 때마다 수면 위로 떠오른다. 이러한 모종의 이유로 나에게 있어 글이란 나를 항변하는 것에 가깝기도 하다.

 중학교 시절이던가. 내게 삶의 가치관을 확실히 심어준 책이 있었다.

정신과 의사에 관한 콩트였나? 여하튼 여러 정신적으로 아픈 사람들이 진료를 받고 다시 일상을 살아가는 이야기였다. 그 책을 읽고, 나는 태어나 처음으로 '정신과 의사'와 '심리상담'이라는 개념을 알게 됐다. 몸이 아프면 병원에 가지만 육체가 아닌 그 안에 내면과 정신까지 병원에서 고칠 수 있다니, 그야말로 센세이션이었다.

그건 내게 내면의 전환점을 만들어 주었다.

그때부터였다. 오해로 얼룩졌던 내 세상이 조금씩 다르게 보이기 시작한 것은. 누군가를 헐뜯기 위해 무리를 짓고, 감정적으로 휘둘리는 아이들이나 자기 감정을 솔직하게 마주하지 못한 채 진실을 외면하는 어른들을 볼 때 나는 어느 순간, '왜?'라는 질문을 품게 되었다. 고작 초등학생이었던 내가 그런 시선을 가지게 된 건, 아마도 나 역시 어릴 때부터 '오해'라는 감정을 끌어안고 살았기 때문일지도 모른다.

그 책을 읽고 난 후, 나는 집에서도 학교에서도 계속 생각하고 생각하다 결론을 내렸다. 모든 사람은 각자의 입장과 사정이 있고, 그 사정을 경험해 보지 못했기 때문에 우리는 종종 서로를 미워하게 된다고.

'역지사지'라는 말은 학교에서도 배우는 단순한 교훈이다. 그건 앞으로 내가 세상을 바라보게 하는 방식이었고, 그 뒤로 나는 누군가가 나를 미워하면 '왜 나를 미워할까?'를 먼저 생각하게 되었다. 억울함과 분노보다 앞서는, 이성적인 자세를 어린 내가 먼저 익힌 건 오해를 받았던 내 과거 덕분이다.

그때부터 내게는 꿈이 생겼다.

이해가 더 많은 세상.

오해가 이해로 바뀌는 세상.

그래서 나는 지금도 글을 쓴다.

내 문장 하나가 누군가의 '이해'가 되기를 바라면서.

변질된 관계와 가치

최근 들어 내 이상형이 확실해졌는데, 그건 바로 정신이 건강한 사람이다.

내가 말하는 정신적으로 건강한 사람의 기준은, 자기 내면의 상처와 트라우마를 어떻게 바라보고 대처하느냐에 달려 있다. 자신의 과거를 돌아보고 성찰할 수 있는 사람, 나아지기 위해 노력하고, 긍정적인 관점을 유지하려는 사람, 그것이야말로 정신적인 에너지가 강한 사람이라고 생각한다.

포기하고 놓아버리는 것은 쉽다. 하지만 어려운 순간에도 자신의 약한 모습을 마주하고, 과거의 상처와 맞서며 긍정적인 방향으로 나아가려는 노력은 아무나 할 수 있는 일이 아니다.

만약 지금 이 글을 읽고 있는 당신이 그런 사람이라면, 스스로를 충분히 자랑스러워해도 좋다. 그러한 정신력과 가치는 돈으로도, 명예로도 살 수 없으니.

그리고 이런 태도는 연애뿐만 아니라 삶의 전반적인 부분까지 연결된다. 요즘 사회에서는 비혼주의, 남녀 차별, 젠더 갈등, 저출산, 낮은 결혼율 같은 문제들이 심각하게 대두되고 있다. 그런데 이 문제의 본질을 보면, 단순한 사회적 환경의 변화 때문만은 아니다. 나는 현대인들의 연애와 삶을 바라보는 기준 자체가 지나치게 상향 평준화되어 있는 것도 원인이라 생각한다.

예를 들어, 요즘 연애를 하려면 마치 기본 스펙을 갖춰야 하는 것처럼 여겨진다.

"데이트할 때는 기본 10만 원, 기념일에는 오마카세나 호캉스 정도는 가줘야 한다."

"남자는 차와 직업, 여자는 나이와 외모 등등…."

물론, 외모와 능력을 보는 것은 당연하다. 하지만 문제는 이러한 기준이 연애의 필수 요소처럼 여겨지고 있다는 점이다.

연애를 할 때 사람을 보는 것이 아니라 조건을 먼저 따지다 보니, 결국 기준에 미치지 못하면 스스로를 학대하거나 연애 자체를 포기하는 경우도 많아진다.

사람은 사람다울 때 가치가 있다

나는 사람을 가장 중요하게 여긴다.

우리는 기계가 아니다.

얼마나 인기가 많은지, 어떤 집에서 살고 있는지, 그것만으로 그 사람을 안다고 말할 수 없다.

예를 들어, 어떤 사람이 냉철한 판단력과 뛰어난 머리를 가지고 사업적으로 성공한다면 그는 아마 많은 돈을 벌어 부자가 될 수 있을 것이다. 하지만 그런 그가 인간관계에서 실패한다면, 그는 결국 인생의 중요한 부분에서 성공하지 못한 사람일지도 모른다.

반대로 인간관계가 아주 좋은 사람이 있다고 치면, 그가 돈을 많이 벌지는 못하더라도 그의 주변에는 따뜻한 사람들이 함께할 것이고, 그런 삶은 돈 이상의 가치를 가질 수도 있는 것이다. 누구나 알 법한 얘기지만, 사회적 환경이 그런 분위기를 조장한다고 해서 굳이 어떤 기준에 치우칠 필요가 없다는 이야기를 하고 싶다.

그럼 그 기준에 맞춰 살지 않으려면 어떻게 해야 할까?

내가 찾은 정답은 바로, 내가 하고 싶은 것을 찾는 일이다. 나는 내가 진짜 원하는 것이 무엇인지 오랫동안 고민하고 찾아왔다. 그리고 원하는 것을 하기 위해 어떻게 살아야 할지 계획을 세웠고, 그 계획에 맞춰 선택을 해왔다. 내 삶을 내가 원하는 방향으로 이끌어 왔기 때문에, 지금 하고 싶은 것을 하면서 살 수 있는 것이다. 자기가 뭘 원하는지 몰라서 하기 싫은 일을 하며 현실을 탓하기만 하는 인생이란 얼마나 속상한가. 그렇다면 결국 자신이 원하는 것과 상관없이, 사회에서 요구하는 기준을 따라가게 된다.

좋은 집, 좋은 차, 높은 연봉, 번듯한 직업…. 남들에게 번듯해 보이기 위한 삶을 살다 보면 그런 것들을 쫓으면서도, 정작 내가 무엇을 진정 원하는지 알지 못하게 된다.

사람들은 각자 자기만의 고유한 성향과 성격과 개성이 있다. 한 사람의 삶은 정해져 있지 않다. 삶은 얼마든지 내가 원하는 방향으로 바꿔나갈 수 있다. 다만 그 방법을 스스로 고려해 보지 않았을 뿐이다.

그렇기 때문에 나는 이렇게 말하고 싶다.

"하고 싶은 것을 하고 살고 싶다면, 먼저 자신이 원하는 것이 무엇인지부터 진지하게 고민해 보자."

"남들이 정해놓은 기준을 따르기 전에, 나의 기준을 스스로 만들어 보자."

사람은 각자의 삶을 살아야 한다.

이 글이
누군가의 가능성이 되기를

(쭈로그)

'나는 무엇을 전하고 싶은가.'

글을 쓰는 내내, 그리고 지금도 스스로에게 던지는 질문입니다.

내 이야기를 기록하는 것이 단순한 하소연이 되지 않기를, 그저 내 삶을 늘어놓는 것처럼 보이지 않기를 바랐어요. 특히 이혼 과정에 대한 이야기를 쓴다는 것은 사적인 영역을 공개하는 일이기에 더욱 조심스러웠습니다.

누군가는 흥미로운 사건처럼 소비할 수도 있고, 누군가는 왜 굳이 이런 이야기를 하느냐고 묻기도 할 테니까요. 그럼에도 불구하고 저는 이 이야기를 글로 남기기로 했습니다.

그 이유는 단 하나.
'누군가는 이 이야기를 필요로 할지도 모른다.'

'뷰이듀스 101'을 진행하며 스레드에 글을 올리기 시작했을 때, 사람들의 반응은 크게 세 가지로 나뉘었습니다.

"나도 힘들었어요."

"나도 힘든데, 이겨낼 수 있을까요?"

"이거 허구 아니에요?"

첫 번째 반응은 공감이었어요.

누군가는 댓글을 통해 자신의 경험을 털어놓으며 "나도 비슷한 일을 겪었어요"라고 이야기했습니다.

결혼 생활에서 자존감이 깎이고, 가스라이팅을 당하며 스스로를 탓하게 되고, 경제적 문제 때문에 쉽게 이혼을 결심하지 못했던 시간. 그런 과거 혹은 현재를 가진 사람들이 "당신의 글을 읽으며 나 혼자가 아니라는 용기를 얻었어요"라고 말해 주었습니다.

두 번째 반응은 희망을 찾는 손길이었어요.

"나도 이혼을 고민 중인데, 정말 혼자서도 잘 살 수 있을까요?"

"나도 남편에게 무시당하며 사는데, 벗어날 수 있을까요?"

"저도 경제적 독립을 위해 노력하고 있는데, 가능할까요?"

저는 댓글을 읽으며 생각했습니다.

'이 글을 쓴 게 잘한 일이구나.'

제 이야기가 누군가에게 현실적인 가능성을 보여줄 수 있다면, '**나도 할 수 있을까?**'라는 질문을 '**나도 해볼 수 있겠다**'로 바꿔줄 수 있다**면**, 그것만으로도 의미가 있다고 느꼈습니다.

세 번째 반응은 부정과 회의였어요.

"이거 진짜 실화 맞아요?"

"너무 극적인데, 드라마 같은 이야기네요."

세상 어딘가에서 누군가에게 현실로 일어나는 일이 누군가에게는 이렇게 허구와 거짓처럼, 과장되게 이야기하는 것처럼 보일 수 있다는 생각이 많이 들었습니다.

그리고 그 현실로 힘들고 아파하는 사람에게 그것을 부정하는 반응 자체가 상처가 될 수 있구나. 깨달았지요.

그러면서 '이러한 현실도 있어요. 과장이 아니고 사실이에요. 겪어보지 않았다고 거짓이라 하지 말아 주세요'라고 말하고 싶어졌습니다.

저는 이 반응들을 보며 또 다른 깨달음을 얻었습니다.

'어떤 사람의 삶은, 누군가에게는 허구처럼 느껴질 수도 있구나.'

하지만 현실은 종종 드라마보다 더 극적입니다. 살면서 가스라이팅을 당해본 사람은 알아요. 자신이 당하고도 '내가 잘못했나?'를 고민하게 되는 감정을, 자신의 감정을 스스로 부정하게 되는 순간들을.

저는 그걸 직접 겪었고, 벗어나기까지 오랜 시간이 걸렸습니다. 그리고 그 과정을 글로 남기는 것은 단순한 고발이 아니라, '이런 삶을 살아가는 사람들이 실제로 존재한다'는 걸 알리고 싶었습니다.

나의 이야기가 **'누군가의 가능성'**이 되길 바라며, 처음에는 단순히 이혼 과정의 사건들을 풀어놓았어요. 어떤 일이 있었고, 어떤 순간에 어떤 감정을 느꼈고, 그래서 어떻게 행동했는지. 하지만 시간이 지나면서 깨달았습니다.

'단순히 사건을 나열하는 것이 아니라, 그 속에서 **내가 했던 선택과 변화**를 담아야 한다.'

그래서 저는 몇 가지 시도를 했습니다.

'이겨내는 과정'을 강조했어요.

제가 어떤 상황에서 어떤 선택을 했는지를 풀어내는 방식으로 글을 전개했습니다. 단순히 '힘들었다'에서 끝나는 것이 아니라, 그 힘든 순간에서 제가 어떤 선택을 했고, 그것이 어떤 결과를 가져왔는지 보여주고 싶었어요.

구체적인 감정을 살렸어요.

"그때 너무 힘들었어요"라 표현하는 대신 "모멸의 말을 들은 그날, 이혼을 결심했어요"라고 표현했고, "이혼 후 죄책감을 느꼈어요"라고 말하는 대신 "부모님이 힘들어하는 모습을 보며, 그리고 아이들이 부모의 이혼에 대한 혼란을 이야기할 때 미안한 감정을 느꼈어요"라고 적었습니다. 이렇듯 감정을 구체적으로 표현하면 독자들도 더 깊이 공감할 수 있을 거라고 생각했습니다.

희망의 메시지를 넣었어요.

이혼 과정에서의 아픔만 이야기하는 것이 아니라, 이혼 후 어떤 삶을 살았고, 어떻게 변화했고, 어떻게 다시 저를 찾았는지를 보여주고 싶었어요. "이혼이 끝이 아니라 새로운 시작이 될 수 있어요", "엄마로서의 삶과 나 자신으로서의 삶, 둘 다 포기하지 않아도 돼요"와 같은 글을 통해서요.

저는 지금도 이 방법들이 옳은지는 확신할 수 없습니다. 이야기를 풀어내는 방식에 대해 여전히 고민하고, 더 나은 방법을 찾고 있어요. 하지만 확실한 건, 저는 계속해서 이 메시지를 전하고 싶다는 거예요.

"당신은 혼자가 아니에요."

저는 여전히 이 글을 읽을 '누군가'를 생각하며 글을 씁니다. **한 명이라도 이 글을 보고 힘을 낸다면, 한 명이라도 '나도 해볼 수 있겠다'고 생각한다면, 그것만으로도 충분하다고 믿어요.** 그래서 계속해서 시도할 거예요.

제 이야기가 사람의 삶을 바꾸지는 못하더라도, 어딘가에서 힘들어하고 있을 한 사람에게 "당신은 혼자가 아니에요"라고 말해줄 수 있다면, 그것이 누군가에게 위안이 될 수 있다면, 그것만으로도 제가 글을 쓰는 이유는 충분합니다.

"포기하지 마세요. 당신은 혼자가 아니에요. 당신도 할 수 있어요."
이 메시지를 전하기 위해, 저는 오늘도 다시 글을 씁니다.

물결에 띄워 보낸 마음

사람과 사람,
마음과 마음, 글과 글

(자별)

처음엔 별생각 없이 스레드를 시작했다. 새로운 플랫폼이라 어떤 건가 싶었고, 그냥 한번 써보고 싶었다. 그때 내 인스타그램에는 아이와 함께 한 놀이, 가볼 만한 곳 같은 정보만 남아 있었지, 정작 '나'는 없었다.

그래서 스레드에 내 사진 한 장을 올리고, 아무 말이나 적었다. 처음 올린 글에는 반응도 없었다. 추천 피드도 썰렁했다. 몇 번 들어가다 말고, 금세 잊었다. 그러다 인스타그램에서 우연히 스레드 글이 추천으로 떴다. 궁금한 마음에 다시 들어가 보니 분위기가 달라졌다. 이전과는 다른 말들이 오가고 있었다.

'여기에 내 생각을 적어야겠다.'

매일 필사 후 짧은 글들을 인스타그램 스토리에 공유하고 있었는데, 자연스럽게 스레드에도 함께 올리기 시작했다. 그러자 어느 순간, 알고리즘이 나를 '**글 쓰는 사람**'으로 인식하기 시작했다. 추천 피드엔 독서, 글쓰기, 필사에 대한 글이 가득했고, 비슷한 관심사를 가진 사람들의 글을 읽으며 공감했다. 또 나와 다른 시각을 가진 사람들의 글을 통해 생각이 확장되기도 했다.

'이 세상엔 정말 다양한 생각을 가진 사람들이 많구나.'

새삼 느꼈다. 주변이 글쓰기로 가득 채워지니, 나도 더 많이, 더 잘 쓰고 싶어졌다. 나는 이미 '그리고, 쓰는 사람'이라고 스스로 정의 내린 상태였다. 스스로를 그렇게 부르자, 글을 쓰는 일이 한결 자연스러워졌다. '나는 글 쓰는 사람이니까, 써야 한다'는 당연함이 생겼다.

필사를 하고, 그날의 생각을 글로 적었다. 예전에는 그냥 적고 끝냈지만, 스레드에서 사람들과 생각을 나누기 시작하면서, 내 글을 좀 더 명확하게, 따뜻하게 전하고 싶어졌다. 자연스럽게 읽는 사람을 떠올리며 글을 다듬는 습관이 생겼다.

그렇게 글이 점점 쌓이자, 더 많은 사람이 내 글을 읽었으면 좋겠다는 바람이 생겼다. 조금 더 긴 호흡의 글을 쓰고 싶었고, '어디에 올리면 좋을까'를 고민하다가 브런치가 떠올랐다.

브런치 작가 선정이 까다롭다는 이야기를 들어서 긴장된 마음으로 지원했지만, 운 좋게 한 번에 합격했다. 그 뒤로 일주일에 한 번씩 글을 올렸다. **글이 쌓이고, 나도 조금씩 쌓였다.**

그러던 중, 스레드에서 '뷰이듀스 101'이라는 글쓰기 오디션을 보게 됐다.

'망설일 이유가 있을까?'

나는 지체 없이 신청했다. 나는 이미 글을 쓰고 있었고, 그 글을 사람들에게 전하고 싶었다.

그동안 써온 글을 다듬어 오디션에 제출했다.

'바로 떨어져도 괜찮아. 도전했다는 것에 의의를 두자.'

가볍게 시작한 도전이었다. 그런데 본선에 진출하고, 결선까지 올라갔다. 한 단계씩 올라갈 때마다, 설렘과 떨림이 쌓였다.

'이러다 진짜 1등 하는 거 아니야?' 혼자서 설레발도 쳤다. 결국 1등은 하지 못했지만, 오디션에 참가하며 미션을 수행하고, 사람들과 소통했던 과정은 강한 기억으로 남았다.

혼자만 보던 글이 아니라, 세상과 함께 나누는 글이 되었다는 것. 그건 짜릿했다. 그리고 분명했다. 더 많이 경험하고 싶은 일이었다.

"혼자 쓰지 말자."

"내 글을 더 많이 세상에 내보내자."

그렇게 다짐했다.

내 글을 읽는 누군가가 조금이라도 위로받거나, 용기를 얻거나, 생각이 흔들린다면 그 자체로 충분히 의미 있다. 그리고 나도 그런 연결 속에서 더 나은 사람으로 자라고 싶다. 더 깊은 글을 쓰는 사람으로. 나이가 들어, 머리가 희끗희끗해질 때까지 글을 쓰고 싶다. 사람들의 이야기를 듣고, 그 이야기들을 다시 글로 남기고 싶다.

사람과 사람,

마음과 마음,

글과 글이 연결되는 삶.

나는 그런 삶을 살아가고 싶다.

이야기가
이어지는 순간

떨리는 '게시' 버튼과 마음을 열어 놓기

　모니터 앞에서 떨리는 손으로 '게시' 버튼을 누르기까지 꽤 오랜 시간이 걸렸습니다. '울부짖는 아이가 가르쳐준 것, 아이와 함께 자라는 중입니다'라는 제목으로 제 이야기의 일부를 스레드에 올리는 순간, 가슴이 쿵쾅거리는 걸 느꼈어요. SNS 소통이 익숙하지 않은 저에게 이렇게 공개적으로 글을 올리는 건 큰 도전이었거든요.

　솔직히 말하면, 제 글을 스레드에 올리기로 했을 때 걱정이 앞섰어요. '너무 개인적인 이야기가 아닐까?', '공감을 얻을 수 있을까?' 하는 생각들로 가득했죠. 육아 전문가도 아닌 제가 다른 부모님들에게 조언하는 것처럼 보일까 봐 두려웠어요.

　그래도 용기를 내어 글을 올렸어요. 첫 번째 챕터에서 나눴던 경험들—아이의 울부짖음, 아버지에 대한 새로운 이해, 그리고 앤소장으로 거듭난 과정—을 솔직하게 나눴습니다. 이렇게 낯선 공간에 제 진솔한 이야기를 내어놓는 것이 익숙한 경험은 아니었지요.

따스한 메아리와 새로운 시야

첫 댓글이 달렸을 때의 그 설렘이란! 화면을 들여다보며 가슴이 두근 거렸어요. 처음에는 댓글을 확인하는 것조차 두려웠는데, 막상 읽어보니 생각보다 따뜻한 응원과 공감의 메시지들이 이어졌습니다.

"완벽한 부모보다 함께 성장하는 부모가 되는 과정."

누군가 남긴 이 한 줄이 특히 마음에 와닿았어요. 제가 전하고 싶었던 메시지의 핵심을 한 문장으로 요약해주셨더라고요. 이 댓글을 읽는 순간, '아, 내 이야기가 제대로 전해졌구나' 하는 안도감과 함께 뿌듯함이 밀려왔어요.

또 놀라웠던 것은 아직 자녀가 없는 분들도 제 글에 공감해주셨다는 점이에요.

"저는 아직 자녀가 없지만 미리 읽어두면 좋을 것 같아요. 우선 저를 이해하는 데도 도움이 될 것 같습니다."

이런 반응을 보면서, 제 이야기가 단순히 '육아'에 관한 것이 아니라 '인간 이해'와 '자기 성찰'에 관한 더 넓은 공감대를 형성하고 있다는 걸 깨달았습니다.

스레드에 글을 올리고 독자들의 반응을 보면서 여러 가지 생각을 했어요. 무엇보다 제가 '아이들의 다양성'이라는 주제를 통해 이야기하고 싶었던 것이 생각보다 훨씬 더 보편적인 공감대를 형성할 수 있다는 사실이었어요. 부모님들은 육아의 어려움에 공감해 주셨고, 예비 부모님들은 자녀 양육에 대한 사전 지침서로, 그리고 자녀가 없는 분들은 자기 자신을 이해하는 관점으로 받아들이셨어요.

특히 많은 부모님들이 "나도 그런 경험이 있어요"라는 메시지를 보내주실 때마다, 우리 모두 비슷한 여정을 걷고 있다는 연대감을 느꼈어요. 완벽한 부모란 없고, 우리 모두 시행착오를 겪으며 아이와 함께 성장하고 있다는 사실이 위로가 되었습니다. 아이들이 저마다의 속도로 자라듯이, 부모도 각자의 방식으로 성장하고 있다는 걸 확인하는 시간이었어요.

독자와 함께 자라는 글쓰기

이렇게 스레드를 통해 독자들과 직접 소통하는 경험은 제 글쓰기에도 큰 영향을 미쳤어요. 전에는 막연히 글을 썼다면, 이제는 제 글에 댓글을 남겨주신 분들을 떠올리며 글을 씁니다. '이 부분은 아이가 없는 그분도 공감할 수 있을까?', '이 표현은 나와 비슷한 경험을 한 분께 위로가 될까?' 하고 생각하면서요.

피드백을 통해 제 글의 어떤 부분이 사람들에게 더 강하게 다가가는

지도 알게 되었어요. '완벽한 부모가 아닌, 함께 자라는 부모'라는 메시지, '각자의 특성과 성장 속도를 존중하는 것의 중요성' 같은 주제들이 특히 많은 공감을 얻더라고요.

한 독자분이 "제 아이가 또래보다 말이 늦어 걱정했는데, 각자의 속도가 있다는 말에 위로받았어요"라고 댓글을 남겨주셨을 때, 저는 정말 제 글이 누군가에게 작은 도움이라도 되었다는 사실에 가슴이 뭉클했어요. 모든 아이는 다르고, 그 다름을 존중하는 태도가 얼마나 중요한지 다시 한번 느꼈습니다.

앞으로 더 만나고 싶은 독자들에 대한 생각도 구체적으로 자리잡았어요. 다양한 특성의 아이를 키우는 부모님들, 자신의 어린 시절을 이해하고 싶어 하는 분들, 그리고 자신의 이야기를 세상에 내놓을지 망설이고 있는 분들과 만나고 싶습니다.

"당신의 이야기는 누군가에게 꼭 필요한 위로가 될 거예요. 용기를 내어 나눠주세요."

생각해 보니 아이와 함께 자라는 과정과 독자와 함께 글을 써나가는 과정이 참 비슷하다는 생각이 드네요. 두 경우 모두 '완벽함'보다는 '함께 성장함'에 의미가 있고, 서로의 다름을 인정하고 존중하는 가운데 더 풍요로운 이해가 생겨납니다. 아이들이 각자의 속도로 자라듯, 글도 자신만의 속도로 독자들에게 다가갑니다. 그 과정을 서두르거나 강요하기보다는, 자연스럽게 흘러가도록 두는 것이 중요하다는 깨달음을 얻었어요.

 처음에는 두려웠지만, 이제는 독자들과 더 많은 이야기를 나누고 싶어요. 완성된 결과물보다 함께 걸어가는 여정에서 찾는 기쁨과 의미. 이것이 아이를 키우는 부모와 글을 통해 독자와 소통하는 작가가 공유하는 아름다운 경험이 아닐까 싶네요.

 지금 이 순간에도 저는 여러분과 함께 자라고 있습니다. 그리고 이 경험이 제게 마지막 챕터의 문을 열어주었습니다.

말: (로와)
말하지 않으면 닿지 않는 마음

스레드를 시작한 계기

 프리랜서 모델로 활동하고 있었던 나는 포트폴리오를 공유하고 연락을 주고받을 수 있는 공간이 필요했다. 이에 인스타그램을 업무용 계정으로 활용하기 시작했다. 그러나 이러한 방식의 소통은 나에게 익숙하지 않았으며, 거부감마저 들었다.

 나는 외적인 요소가 언제든 쉽게 사라질 수 있는 관심의 대상이라고 생각했다. 더 매력적인 모델이 나타나면 사람들은 쉽게 떠날 것이라는 불안이 있었다.

 그러나 생계의 한 부분을 차지하는 일인 만큼, 어쩔 수 없이 사진을 올렸다. 관심을 받는 것은 기분 좋은 일이었지만, 그것이 영원하지 않음을 알기에 깊은 만족감을 주지는 못했다.

 나는 본질적으로 표현하고 창작하는 것에 대한 욕구가 있는 사람이라, 나를 온전히 표현할 수 있는 방법을 찾고 싶었다. 인스타그램에 올린 사진이 나의 정체성을 대변할 수 없다고 생각했기 때문이다. 그래서 보다 본질적인 내면을 표현할 수 있는 대체 공간이 필요했다.

때마침 새롭게 등장한 텍스트 기반 SNS인 스레드는 나에게 안성맞춤이었다. 이곳은 단순히 시각적인 요소가 아니라 글을 통해 나를 표현할 수 있는 공간이었다. 나는 스레드를 통해 보다 깊이 있는 소통을 할 수 있을 것이라 기대했다.

그래서 나는 내 생각을 정리하고, 글을 통해 사람들과 소통하기 위해 스레드에 글을 올리기 시작했다. 그리고 예상했던 것보다 훨씬 큰 반응을 얻었다. 좋아요와 댓글이 몇백 개씩 달렸을 때도 있었고, 다양한 의견들이 쏟아졌다. 그중 생각나는 사례가 몇 가지 있는데 기억에 남는 긍정적인 반응과 부정적인 반응 에피소드를 소개해 보려 한다.

감동적이었던 긍정적인 반응

글을 쓰며 활동을 하다가 문득 사람들이 내 글을 읽고 어떻게 느끼는지 궁금해졌다. 그래서 나를 팔로우한 사람들에게 이유를 물어보았다. 대부분 내가 가진 "삶에 대한 통찰력이 좋아서"라고 말했다.

내 경험과 생각을 공유하는 것이 단순한 표현이 아니라, 누군가에게 영향을 미치고 있다는 걸 실감하고 인정받는 것 같아 기분이 좋았다. 또한, 내 경험을 공유하고, 새로운 시각으로 바라본 생각들을 글로 풀어냈을 때, 어떤 한 사람이 그 글을 읽고 위로와 힘을 얻었다고 말했다.

"난 한번도 그렇게 생각해 본 적이 없었는데, 이 글을 읽고 진심으로 힘을 얻고 위로가 되었어... 정말 고마워."

그때 나의 기분은 살아 있다는 느낌이 들었고, 정말 행복하다고 표현할 수 있었다. 나의 경험과 성찰을 담은 글이 누군가에게 위로가 될 수도 있다는 걸 직접 경험하며, 글을 쓰는 이유가 이런 것 때문이구나 실감했다.

너무 행복했고 글을 쓰는 것이 점점 더 즐겁고 의미 있게 다가왔다.

예상치 못한 부정적인 반응

하지만 긍정적인 반응만 있었던 건 아니다. 한 번은 연인 사이의 갈등을 해결하는 방안을 위트를 담아 가볍게 써 올린 적이 있었다. 내가 가볍게 썼기에 읽는 사람들도 가볍게 읽을 줄 알았다.

하지만 사람들은 가볍게 받아들이지 않았다. 나는 사람들이 이를 농담으로 받아들이고, 웃거나 공감하거나, 비슷한 경험을 공유하는 댓글을 달 것이라 예상했다. 하지만 그 글은 어느새 젠더 갈등의 불씨가 되어버렸다. 사람들은 글의 일부만 보고 단정 짓고, 비난하기 시작했고, 심지어 외모 비난과 인격 모독까지 서슴지 않았다.

처음에는 당황스러웠다. '뭐지? 내 글을 이렇게까지 해석할 수 있다

고?'

하지만 곧 그들의 반응이 단순히 내 글 때문이 아니라는 걸 깨달았다. 이들은 단순히 내 글을 욕하는 것이 아니라, 자신이 겪었던 고통을 투영하고 있었다.

내가 추측건대 그들은 연인에게 나름의 헌신을 다했지만, 결국 상처받고 좌절했던 경험이 있었던 사람들이었다. 그리고 그 과정에서 겪은 정신적, 정서적 피해를 떠올리며 전 연인의 가스라이팅에 못내 남은 억울함과 분노 등 상처받은 감정을 여전히 가지고 있었다.

나의 글이 그들의 트라우마를 건드렸고, 그들은 그 감정을 여기에 쏟아내고 있었다. 한마디로, 이 사태를 보던 한 사람이 쓴 댓글의 표현을 빌리자면 '광역 딜'이 들어간 상황이란 것이다.

결국 내 글은, 이런 경험을 한 사람들이 그동안 억눌려 있던 감정을 혐오로 표출되는 장이 되어버렸다.

내가 한 선택

그 상황에서 내가 할 수 있는 일은 두 가지였다. 무시하거나, 대응하는 것.

나는 고민하다 그들의 이야기를 듣고, 내 생각을 차분하게 설명하는 길을 택했다. 그들에게 보여진 편견 속 글 하나가 아닌 '나'라는 사람을 보여주기 위함이었다. 나는 댓글을 읽고 답변을 정성스럽게 달았다. 단순한 반박이 아니라, 진짜로 대화를 하듯이.

그러자 신기한 일이 일어났다. 처음에는 거칠게 욕하던 사람들 중 일부가 사과를 했고, 나의 행운을 빌어주거나, 심지어 나의 태도와 대응 방식에 존경을 표하며 팔로우까지 하는 사람들이 생겼다.

이 사건을 통해 나는 세 가지를 배웠다.

첫째는 글의 영향력이다. 단순히 내 생각을 적은 것뿐인데, 누군가에게는 강한 감정적 반응을 일으키고, 때로는 트라우마를 건드릴 수도 있다.

둘째로는 독자에 대한 포용력이다. 내 글이 모든 사람에게 같은 방식으로 읽히지는 않는다. 글을 읽는 사람들은 각자의 배경과 경험에 따라 다르게 해석한다. 그들의 시각을 이해하고 포용하는 것이 필요하다.

마지막으로 흔들리지 않는 태도와 겸손함이 핵심이라는 점이다. 부정적인 반응이 몰려올 때, 감정적으로 대응하면 더 큰 갈등을 불러일으킬 뿐이다. 대신 차분하고 열린 태도로 대하면, 오히려 사람들의 마음을 움직일 수 있다. 비난과 오해 속에서도 나의 태도가 결국 사람들을 변화시킨다.

이 모든 과정이 나에게는 큰 공부가 되었다. 그리고 나는 더욱 확신하게 되었다. 내가 글을 쓰는 이유는 단순히 내 생각을 표현하기 위함이 아니라, 소통을 통해 서로를 이해하는 세상을 만들기 위함이라는 것을.

이 경험은 내 글쓰기 인생에서 잊을 수 없는 순간이었다. 그리고 나는 다시 한번 다짐했다. 나는 글을 통해 세상과 소통하고 싶다.

그렇게 해서 더 많은 사람들이 서로를 오해하지 않고 이해할 수 있는 세상을 만들고 싶다.

당신에겐
통했으면 했다

  글을 쓰고 어디에 업로드하는 일은, 단 한 번도 속 시원하게 된 적이 없다. 머릿속이 고구마로 가득 찬 기분. 그렇게 기를 쓰며 한 편의 이야기를 써냈다 하더라도, 독자들의 오해가 없으리란 법도 없다. 오해만큼 사람을 억울하게 만드는 게 또 있을까.

  글이라는 건 생각의 집약체나 다름없어서, 좋은 의도로 글을 썼음에도 불구하고 그 워딩이나 해석여지에 따라 말로 하는 대화보다 훨씬 더 큰 오해를 부른다. 온라인에서 자란 그런 오해는 당사자의 해명보다도 훨씬 더 빠르고 가볍게 퍼지기 때문에, 한 번의 오해로 글쓴이의 수명을 잘라버릴 수도 있는 거다. 그동안 저자 오디션뿐만 아니라 스레드에 숱하게 글을 올려 보며 배운 게 있다.

  첫 번째로 무언가 좋아하는 걸 말할 때는, 좋아하는 그 하나에 대한 이야기만 하고 다른 것과는 절대 비교하지 말아야 한다. A와 B를 두고서,

"A보다 B가 좋다"고 말하면. 본인은 A가 더 마음에 드는데 왜 그걸 잘못됐다고 하느냐며 따지는 사람들이 나타난다. 그걸 겪고 나서는 비교를 한다는 행위 자체가 오해를 부르기 딱 좋겠구나 싶었다.

두 번째로 SNS에 문장을 적을 때에는, 절대 해석하기 어려운 비유를 써서는 안 된다. 책을 읽는 일이 이미 대중문화에서 벗어난 만큼, 표현의 깊이가 깊어질수록 그걸 오롯이 읽을 수 있는 사람들이 급격하게 줄어드는 걸 보았다. 문학에 몸을 담고 있는 나로서는 이것 때문에 더 고민할 수밖에 없는데. 아름다운 글을 쓰고자 표현이 풍부한 문장과 깊은 메시지를 담으면, 글이 너무 길어지고 해석의 난이도가 올라가 사람들의 관심을 받지 못한다. 작가 신분으로 사는 나에게 글을 직관적이고 가볍게 쓰기 위해 표현의 제약을 건다는 건, 간식을 앞에 두고 꼬마아이에게 그저 참고 기다리라는 것과 같다. 갈고 닦아온 문장력을 한껏 뽐내고픈 마음과 관심받고 싶다는 마음 사이에서 늘 갈팡질팡한다.

이 두 가지를 깨달은 뒤부터는, 내 글에는 나 자신에 대한 이야기가 아니라면 구태여 무언가를 비교하거나 미워한다는 말이 없어졌다. 그에 더해 내 글이 술술 읽힌다는 사람들이 늘어갔다. 논란의 여지는 줄이고, 가독성은 챙긴 셈. 사실 내 글이 술술 읽힌다는 말을 들으면 요즘도 '정말 그런가?' 하는 의구심이 든다.

물론 읽기 편하도록 쓰고는 있지만, 그게 어느 경지까지 왔는지는 내가 스스로 읽어 본다고 해서 알 수 있는 건 아닌 듯하다. 어째 내가 쓴 글은 읽으면 읽을수록 미궁 같아서. 고치느라 계속 읽다 보면 좋았던 부분도 별로인 듯싶고, 마음에 안 들던 부분은 도대체 어디가 문제인지 몰라 고치기를 포기할 때도 많다. 그러니 술술 읽힌다는 말을 들어도 확신이 없다. 그저 글을 적을 때마다 '내 생각이 그대로 잘 전해졌으면 좋겠다'라며 바란다.

"아빠 너무 미워하지 마… 네가 아빠를 얼마나 닮았는지 아니…."

특히나 이번 저자 오디션 본선에 걸었던 어머니 이야기는, 쓰면서 쏟아지는 눈물 때문에 글쓰기를 멈추고 가만히 울기만 한 적이 실제로 글을 쓴 시간과 비슷했다. 그래서 걱정이 들었다. 문단 하나 쓸 때마다 눈물범벅이 되는 감정으로 떡칠이 되면, 읽는 사람에겐 너무 과하지 않을까. 신파라거나 징징대는 것처럼 보이면 어떡하지.

눈물을 훔치던 와중에 그런 생각을 자꾸 했다. 이걸 읽고 우는 사람이 한 명이라도 있을까. 적어도 내가 전하려는 메시지만큼은 제대로 전달됐으면 했다. 그리고 거기에 살짝만 더해, 나는 이만큼이나 당신에게 가까이 다가가려 한다고. 이 정도의 일도 당신에게 기꺼이 할 수 있다고.

인정받기를 바랐다.

  그런데 내 글을 읽고 운 사람이 정말 나타났다. 오디션을 주최하신 에디터님의 남편분이 내 글을 읽다가 실제로 눈물이 났다며 스레드에 사진을 남긴 것이다.

  '내가 글을 쓸 자격이 있구나'라고 다시금 떠올렸다. 지금껏 글쓰기를 멈추지 않게 해준 순간들. 무슨 대단한 상 같은 게 아니었다. 내 글을 읽고 '많은 위로를 받았다', '눈물이 펑펑 났다'와 같은 인간적인 순간들.

  여전히 내가 쓰는 것들에 아름답고 감동적인 게 있는가 확신하지 못한다. 나는 그런 걸 담는다고는 하는데, 그게 정말 글에 담기는지는 잘 모른다. 하지만 내 삶의 분위기라는 게 그리 다채롭지 못해서. 그런 뜨뜻미지근하고 축축한 글을 자꾸만 쓰게 된다.

  이제는 내게 가혹하다 싶을 정도로 적나라한 글을 쓰기도 한다. 그런 글을 써야 그나마 통하는 느낌. 결국에 내 마음 알아주는 사람이 더 많아지기를 바라니까, 이야기라는 비행선을 띄우기 위해 체면을 한 포대씩 내다 버리는 듯하다. 다만, 내 삶에 엮인 사람들이 내 이야기 때문에 상처받는다면 얼마나 큰 아픔으로 돌아올까. 글을 쓰는 건 무섭지 않은데, 글을 쓰고 있으면 무서워진다. 통할까? 적어도 통해야 한다. 그렇지 않으면 계속할 수 없다.

그 상처받는 사람이 나라 할지라도 누군가 가슴을 쓸어내릴 만한 글을, 눈물을 훔칠 만한 글을 써 내야만 한다. 그게 내 글을 읽어주는 사람들에게 마땅히 해야 할 의무니까. 이 세상 어딘가에 읽어주는 사람, 울어주는 사람 한 명만 있어도. 나는 읽을 가치가 있는 글을 쓰는 사람이니까. 사람들이 그걸 가르쳐줬다. 그러니 내가 적은 모든 것이, 당신에겐 통했으면 했다.

그동안 잘하고 있었던 걸까?

필자,
그리고 가장 첫 번째 독자

(빚옴)

'독자.'

읽을 독(讀), 사람 자(者)를 써 책이나 글을 읽는 사람을 의미한다. 당연히 지금 이걸 읽고 있는 당신도 포함된다.

독자라는 단어를 검색해 보니 저렇게 나온다. 마지막에 나온 '당신도'라는 말에 대해 왠지 모르게 뜨끔했다. 이유는 모르겠다. 재빨리 반대어를 살펴본다.

'작자, 저자, 필자'

작자 - 글을 쓰거나, 작품을 짓거나 만든 사람

저자 - 글로 써서 책을 지어낸 사람

필자 - 글을 쓴 사람. 또는 쓰고 있거나 쓸 사람

일단 당신이 '독자'임은 분명하다. 그럼 나는 작자일까, 저자일까, 필자일까? 지금 이 글을 쓰고 있으니 나는 작자며 필자이다. 단어 하나에서 꼬리에 꼬리를 물고 이야기가 펼쳐진다.

그러다 문득, '어떤 필자가 되고 싶은가?'라는 질문이 떠오른다.

나의 글이 사람들에게 공감되기를 바란다. 그 의미가 '즐거움, 눈물, 기억, 추억, 웃음, 위로' 그 무엇이든 결론은 공감이다. 누군가 내 글을 읽으며 '이 글, 마치 내 이야기 같아'라고 느끼길. 누군가의 감정을 고스란히 공감할 수 있다면, 그리고 본인의 삶에 녹여 생각할 수 있다면, 필자로서 내가 원하는 목적에 한 걸음 다가선 것이 아닐까.

나의 글이 조용히 스며들었으면 좋겠다. 강렬한 메시지로 단숨에 사로잡는 글도 멋지지만, 어느 날 문득 누군가 힘들고 지칠 때 내 글의 한 문장이 떠오른다면, 그것만으로도 충분하다. 글이 그들에게 작은 쉼표가 될 수 있다면 더할 나위 없겠다.

계속 쓰는 필자가 되고 싶다. 계속 쓰다 보면 어느 순간 내 문장이 누군가에게 닿을 것이라는 믿음으로. 마치 빈 병에 편지를 넣어 바닷가로 떠내려 보내듯, 계속 쓰다 보면 그 누군가에게든 도착하지 않을까? 그 마주침이 아주 작더라도 의미 있는 울림을 남길 수 있기를 바라며 계속 쓰는 필자이고 싶다.

그러다 또 다른 질문이 도착한다.

'어떤 독자를 만나고 싶은가?'

어떤 필자가 되고 싶은지 고민하는 동안, 이미 내가 원하는 독자의 모습도 떠올랐다. '끼리끼리'라는 말이 있듯, 결국 독자와 필자 서로의 감정과 생각은 공명할 테니까.

'삶이 고행임을 알고 받아들이면서도 소소한 행복을 자주 찾을 줄 아는 독자'를 만나고 싶다. 삶이 늘 부드럽고 따뜻하지만은 않다는 걸 아는 사람, 녹록지 않은 하루 속에서도 글 한 편, 그림 한 점, 음악 한 소절로 자신을 다독일 줄 아는 사람. 세상의 무게에 짓눌려도 여전히 아름다움을 찾으려는 사람. 그런 사람이었으면 좋겠다.

글을 읽으며 자신을 발견할 수 있는 사람이었으면 좋겠다. 이야기를 따라가다 문득 자신의 기억과 감정을 떠올릴 수 있는 사람, 그저 타인의 이야기를 읽어 내려가는 것이 아니라 그 속에서 자신의 모습을 선명하게 찾아가는 과정을 즐기는 사람이면 좋겠다.

고독을 즐길 줄 아는 사람이면 좋겠다. 현실과 주위 사람들의 말에 휘둘리지 않고, 글 속에서 자신을 돌아보고 위로와 용기를 받으며 고독한 시간을 자기 발견의 시간으로 만들 줄 아는 사람이면 좋겠다.

이렇게 스스로 짧은 인터뷰를 마치고, 이제껏 내 글에 반응했던 독자들을 떠올려 본다. SNS 속 글에 대한 댓글과 메시지 속에는 다양한 감정과 생각들이 담겨 있었다.

"내 이야기인 줄", "재밌어, 그다음은?", "너무 공감된다."

인플루언서도, 유명한 작가도 아니지만, 이렇게 돌아보니 이미 다양한 독자들을 만나고 있었다. 어떤 이는 위안을 얻었고, 어떤 이는 공감을,

어떤 이는 새로운 생각을 발견했다. 그리고 그들이 남긴 반응이 나를 움직이게 만든다. 에너지를 주고, 영감을 준다.

"꼭 그렇지만은 않아", "그건 좀 아니지."

 물론 나의 뜻과 전혀 다르게 해석하는 사람들도 있었다. 그럴 때면 구구절절 설명하지 않는다. 글이란 애초에 저마다 방식으로 읽히는 것이고, 독자의 해석이 곧 그들의 진짜 경험이니까. 글이란 단순히 쓰는 사람의 것이 아니라 읽는 사람의 것이기도 하다는 사실을 실감한다. 이런 다름이 좋다. 모든 독자의 해석과 반응은 소중하다. 그래서 설명하지 않는 대신, 그 반응을 가만히 되뇌어 본다. 그리고 다양한 해석 속에서 또 다른 글이 떠오른다. 그렇게 독자의 반응은 끊임없이 새로운 시선을 만들어 주니까.

 많은 사람이 내 글을 읽고 반응해 준다면 기쁘겠지만, 독자가 많지 않더라도 나는 계속 쓸 것이다. 마치 혼자서도 노래를 흥얼거리는 것처럼. 어떤 노래는 누군가에게 닿고, 어떤 노래는 공기 속으로 흩어지듯…

 그리고 어쩌면 글을 쓰는 순간, 이미 가장 중요한 독자를 만나고 있는지도 모른다. 바로 '나'라는 독자. 스스로 쓴 글을 읽으며 위로받고, 웃고, 가끔은 깊은 생각에 잠기게 하는….

 그래서 오늘도 쓴다.

 필자로서, 그리고 가장 첫 번째 독자로서.

내가 꺼낸 한 줄의 이야기, 세상과 연결되는 실이 되어

(쭈로그)

스레드의 알고리즘은 놀라울 정도로 빠르게 작동하는 듯합니다. 한 번 글을 업로드하면, 내가 쓴 글을 바탕으로 추천되는 글들이 순식간에 바뀌어버리니까요. 그렇게 보면, 나의 글도 다른 스레더들에게 빠르게 닿겠지요.

저는 스레드의 알고리즘 추천에 한 번 크게 걸린 적이 있습니다. '뷰이듀스 101'에 참가하면서 글을 올리던 중, 숨겨두었던 저의 이야기가 많은 사람들에게 닿았던 순간입니다. 아마도 그 이유는, 전 남편에게 들었던 말 때문이었겠지요.

"넌 몸을 팔아도 200만 원을 못 벌 거야."

죽을 때까지 평생 잊지 못할 그 말을 처음 글로 꺼내놓았을 때, 예상치 못한 반응이 쏟아졌습니다.

조회수 5.4만 회, 좋아요 1,717개, 댓글 520개.

이전에 올렸던 글에서도 *"이거 소설 아니냐?"* 라는 반응을 받았던 적이 있었지만, 그때와는 차원이 다른 속도로 글이 퍼져나갔습니다. 가볍게 써 내려갔던 짧은 글이, 제 글쓰기 인생에서 가장 큰 반응을 얻게 된 것이지요. 어안이 벙벙했습니다.

'왜 하필 저 글이 알고리즘을 탄 걸까?'

'이 이야기는 나에게 너무도 큰 상처였는데, 많은 사람들에게 알려져도 괜찮을까?'

그 말은 저에게 오랜 시간 수치심을 안겨주었던 말이었고, 다시 꺼내기까지도 큰 용기가 필요했거든요. 하지만 댓글을 하나둘 읽어 내려가면서, 생각이 조금씩 달라졌습니다.

"소설인 줄 알았다" 혹은 *"드라마보다 더한 현실이 있다는 게 믿기지 않는다"* 라는 반응을 남긴 사람들처럼 누군가에게는 비현실적으로 보이는 이 이야기가, 또 누군가에게는 자신의 삶과 너무나도 닮아 있었던 것입니다. 그들은 댓글을 통해 자신의 막장 드라마 같은 현실을 털어놓기 시작했습니다.

그제야 깨달았습니다. 이야기를 꺼내지 못한 채, 속으로 삭히고 있는 사람들이 많다는 것을요. 누군가는 수치스러워서, 누군가는 '내 얼굴에 침 뱉기' 같아서, 자신의 아픈 경험을 혼자만의 비밀로 간직하고 살아가고 있었습니다.

 어디에도 말하지 못한 채 가슴속에 묻어두기만 한 이야기와 감정들은 결국 언젠가 터져 나오게 되어 있습니다. 몸으로든, 정신으로든, 어떤 방식으로든 말이지요.

 스레드는 그런 사람들에게 하나의 터놓을 공간이 되어주고 있었습니다. 익명성이라는 방패 뒤에서, 감춰왔던 이야기들을 조금이라도 꺼내 볼 수 있는 곳. 누군가 자신의 이야기를 먼저 꺼내주면, '나만 이렇게 살고 있는 게 아니구나' 싶어 그것만으로도 위안을 얻을 수 있는 곳.

 저도 그랬습니다. 남들 앞에서 쉽게 말할 수 없었던 제 이야기를, 이 공간에서 처음으로 내보이기 시작했습니다. 처음에는 숨겨놓고 조심스럽게 조금씩, 하지만 점점 더 솔직하게.

 그리고 깨달았습니다. 제가 이 이야기를 꺼내놓는 것이, 단순히 저 자신만을 위한 일이 아닐 수 있다는 것을요. 어딘가에서, 비슷한 삶을 살아가고 있는 누군가가 이 글을 읽으며 위로를 받을 수도 있다는 것을요. 어쩌면, 스레드는 저에게 그 용기를 주기 위한 공간이었을지도 모르겠습니다.

 인스타툰을 그리고 있는 저는 늘 고민했습니다.

 '나의 이야기를 어떻게, 어떤 방식으로 세상에 내놓아야 할까?'

'내 이야기를 단순한 기록이 아니라 누군가에게 닿게 하려면 어떤 감정을 전해야 할까?'

'어떻게 전달해야, 내 이야기가 단순한 정보가 아니라, 누군가의 마음을 울릴 수 있을까?'

한때는 그저 솔직하게 털어놓으면 된다고 생각했지만, 시간이 지나면서 깨달았습니다. 내 이야기를 누군가가 읽을 때, 그들이 무엇을 얻어갈지까지 고민해야 한다는 것을요.

이제는 그 답을 조금 알 것 같습니다. 제가 할 일은, 있는 그대로의 이야기를 꺼내는 것. 단순히 '내가 겪은 일'을 쓰는 것이 아니라, 그 순간 내가 어떤 감정을 느꼈고, 어떻게 반응했으며, 어떤 결정을 내렸는지를 풀어보아야 한다는 것.

그래야 그 이야기가 언젠가, 누군가에게 닿아 작은 위로가 될 수도 있다는 것. 내 이야기가 누군가에게 닿을 것이고, 그 누군가가 조금이라도 위로를 받을 수 있다면, 그것만으로도 충분하다는 것.

이제야 비로소, 저는 제 이야기를 세상에 내놓을 준비가 되었습니다.

잘 읽히는 나,
노력일까 성격일까?

"예글님 글의 특장점 중 하나는 글이 정말 **잘 읽힌다**는 것입니다. 짧은 문장과 긴 문장을 골고루 사용하신 덕분에 글 전체에서 리듬감도 느껴졌고요."

"장문의 글임에도 **잘 읽혀요**."

"글이 술술 **잘 읽힌다**. 바로 옆에서 읽어주는 기분이랄까."

제 글은 잘 읽힌다는 피드백을 종종 받아요. 왜 그럴까요? 제가 저를 객관적으로 평가하기는 힘들지만, 제가 생각한 이유는 다음과 같아요.

글을 쓸 때 **친한 친구한테 이야기한다고 생각하며 써요**. 독자가 존재한다고 생각하고 글을 써요. 그렇게 하니까 실제 독자들도 제 글을 읽을 때 옆에서 누가 말을 걸어 주는 듯한 느낌을 받는 것 아닐까요?

문장을 짧게 쓰려고 의식적으로 노력해요. 지인에게 말을 건네준다고 생각만 하고 글을 쓰면 문장이 늘어지기 쉬워요. 그래서 저는 이 사실을 인지하고 의식적으로 문장 중간 마침표를 찍어서 호흡을 끊어주려고 노력해요. 글 쓴 뒤 퇴고할 때 가장 신경 쓰는 두 가지는 맞춤법과 문장 길이랍니다. 문장은 되도록 짧게 끊으려고 노력해요. 독자 입장에서 문장이 길어지면 그 문장을 끝까지 읽고 소화하기 힘들어요. 문장 끝까지 한 번에 읽지 못해서 자꾸 문장의 앞부분으로 되돌아가게 되는 경험, 다들 있으시죠?

중간중간 농담이나 질문을 섞으려고 노력해요. 무슨 글이든 내용이 좋아도 지루하면 재미없잖아요. 지루하면 중간에 그만 읽고 다른 거 하고 싶어지죠. 그래서 중간에 일부러 웃긴 단어를 사용하려고 노력해요. 농담할 때는 보통 독자에게 직접적으로 말을 건네면서 질문하는 형식도 사용해요. 정말 독자들도 이렇게 생각할지는 모르겠긴 합니다. 저 가끔 웃긴 거 맞죠? (이렇게 질문도 해요!)

이렇게 글을 직접 쓸 때 노력하는 부분도 있지만, 제 성격도 한몫하는 것 같아요. 저는 뒷담화를 잘 못하는 성격이랍니다. 뒷담화를 할 바에는 앞담화를 합니다. 다시 말하면 겉과 속의 차이가 매우 적은 사람이에요.

얼마나 투명하냐면, 포커페이스를 유지하고 생활하는 게 미덕인 회사에서도 속내가 다 드러나게 생활하는 중이랍니다. 동료들도 동의했어요. 정확히 이렇게 이야기하셨어요.

"예글님은 transparent 한 것 같아요."

제 얼굴을 보면 지금 어느 정도의 스트레스를 받은 상태인지 보인다고 해요. 표정에서 다 보이나 봐요.

일이 힘들면 힘들다고 이야기도 잘하는 편이에요. 팀장님께 일이 많아서 힘들면 꼭 말씀드리고 티를 낸답니다. 이런 제 성격적 특성은 사회생활 할 때는 단점으로 작용하는 경우가 많은데, 글을 쓸 때는 장점으로 작용하나 봐요. 표정에서 속마음이 드러나듯, 글에서도 제가 말하고자 하는 바가 꽤 정확하게 드러나나 봐요.

그래서 제 글이 잘 읽힌다는 피드백을 받는 게 아닐까 싶어요. 마치 제가 글을 통해 독자에게 직접 이야기하듯, 솔직하고 꾸밈없이 전달되기 때문이죠.

사실 저는 글을 쓸 때 특별한 기교를 부리거나, 화려한 문장을 쓰려는 노력을 많이 하진 않아요. 대신 제 생각과 감정을 솔직하게 꺼내놓으려고 해요. 글을 읽는 사람들이 '이 사람, 진짜 이렇게 생각하나 보다' 하고 자연스럽게 받아들일 수 있게요.

물론, 이런 스타일이 모든 글에 다 적용되는 건 아닐 거예요. 하지만 적어도 제 글을 좋아해 주시는 분들은 이 솔직함과 직관적인 흐름을 편하게 느끼는 것 같아요. 그리고 저는 앞으로도 그렇게 쓰려고 해요. 제 글을 읽는 사람들이 '이야기를 듣는 것처럼 편하다'라고 계속 느꼈으면 해요.

결국, 쓰는 사람

쓰다 보면 알게 된다, 나는 이미 글을 쓰는 사람

쭈로그

작가가 된다는 것은 특별한 누군가가 되는 것으로 생각했습니다. 인스타툰과 음식 일러스트를 그리면서 '작가님' 소리를 많이 들었지만, '글 작가'라는 단어는 저와는 먼 이야기라고 느꼈습니다.

그림을 그리는 작가는 어릴 때부터 꿈꿔왔고, 저에게 익숙한 영역이었지만 글쓰기는 달랐거든요. 정식으로 배운 적도 없고, 학교에서 쓰던 글과는 다른 감각이 필요했습니다. 그래서인지 '내가 글을 쓰는 사람이 될 수 있을까?'라는 의문이 떠나지 않았습니다. 그림을 그리는 작가는 익숙했지만, 글을 쓰는 작가는 너무나도 낯설었어요.

그래서일까요? 뷰이듀스 101에 참여하면서 처음으로 글을 쓰기 시작했을 때, 저는 여전히 '나는 작가가 될 수 있을까?'라는 질문을 머릿속에서 지우지 못했습니다.

글을 쓰기로 결심한 순간에도 그 생각은 따라다녔어요. 개인 저서를 준비하며, 공동 저서를 함께 써가며, 저는 여전히 글을 쓰고 있음에도 '글 작가'라는 타이틀이 어색하기만 했습니다. 아마도 스스로에게 자신이 없었기 때문이었을 거예요. 제가 쓴 글이 형편없을 것 같은 불안감이 계속 따라왔고, 이 글을 누가 읽을지, 이렇게 솔직하게 써도 괜찮을지 불안했습니다.

하지만 글을 쓰기로 마음먹은 이상, 저는 글을 끝까지 완성해야만 했습니다. 어색해도, 자신이 없어도, 일단 써야 했어요. 중간에 멈추면 포기하는 것 같았거든요. 저 자신에게만은 지고 싶지 않았습니다.

신기하게도 글을 계속 써나가다 보니, 그 두려움이 점점 옅어졌습니다. 처음에는 글을 한 문장 쓰는 것도 어렵고, 제 글이 어색하게 느껴졌지만 점점 그 감각이 사라졌어요. 오히려, 글을 쓰면서 더 많은 생각들이 떠올랐습니다.
'이 글을 마무리하면 이런 글도 써봐야겠다.'
'이런 이야기도 해보고 싶다.'
'아, 내 머릿속에 있는 것을 글로 풀어낸다는 것, 정말 재미있다!'
이런 생각들이 두려움을 밀어내기 시작했습니다.

저는 글을 쓰는 것이 그림을 그릴 때와 비슷하다는 생각이 들어요. 머릿속의 막연한 무언가를 현실에 물리적인 형태로 존재하게 만드는 것. 그것이 바로 글과 그림의 공통점이 아닐까요? 그림을 처음 시작했을 때도 낯설었고, 처음에는 내가 그린 그림이 어색하게만 보였거든요. 하지만 시간이 지나며 익숙해지고, 내 손끝에서 그려지는 그림이 점점 더 자연스럽게 느껴졌어요.

글도 마찬가지라고 생각합니다. 아직은 어색하지만, 언젠가 '글 작가'라는 단어가 제게도 자연스러워질 날이 오겠지요.

글을 쓰는 것이 어색함에서 '글을 쓰는 과정의 즐거움'으로 이어지다 어느 순간 깨달았습니다. 글을 쓴다는 것이 단순히 '글을 쓰는 행위'가 아니라 '내 이야기를 누군가에게 전달하는 과정'이라는 것을.

그래서 계속 써 내려가렵니다. 누군가의 시선을 의식하지 않고, 저를 위해. 그리고 제 글을 읽고 공감 해줄 독자님을 위해.

이 책을 함께 쓰는 작가님이 표현하신 문장 하나가 생각납니다.
"내 글의 첫 번째 독자는 나다."
그 말이 마음에 너무 와닿았어요.

'그렇다! 나는 우선 나 자신을 위해 글을 써야 한다!'

'내 머릿속의 생각을 내 자신에게 먼저 보여주는 것이 중요하다. 어색해도 괜찮고, 아직 정리가 되지 않아도 괜찮다. 그 모든 것이 창작 과정의 일부니까.'

이런 생각이 들면서 글을 쓰는 두려움을 더 사라지게 만들 수 있었습니다. 그리고 글을 쓰면 쓸수록 저에 대해 알아가는 것들이 많아지고, 제가 정말로 하고 싶은 말이 무엇인지 깊이 고민하게 되었습니다.

'세상에 나의 이야기를 꺼내놓는 용기'

제 이야기를 세상에 꺼내놓는 과정에서 저는 많은 감정을 경험했습니다. 처음에는 불안했어요. '내 이야기를 꺼내도 괜찮을까?', '너무 개인적인 이 글이 정말 가치가 있을까?', '사람들은 어떻게 받아들일까?' 그런 생각이 글을 쓰는 내내 들었습니다.

하지만 제가 글을 세상에 내어놓자, 주변의 반응도 달라졌습니다. 가장 큰 변화는 독자들이 저에게 공감을 표현해 줬다는 것입니다.

"저도 비슷한 경험을 했어요."

"이 글을 읽고 위로받았어요."

그런 말을 들을 때마다 내가 이 글을 써도 되는 사람이라는 자신이 생겼습니다.

제 글이 누군가의 마음에 닿을 수 있다는 사실. 그것이 제 두려움을 줄

여주었고, 더 많은 이야기를 하고 싶다는 용기를 주었습니다.

저의 이야기가 누군가에게 위로가 될 수 있다면 그것만으로도 충분하지 않을까요? 그리고 무엇보다, 저 스스로를 더 깊이 들여다보게 만들어주었어요.

'누구나 글을 쓸 수 있다. 나 또한 글을 쓸 수 있고, 그것이 세상에 존재할 가치가 있다.'

여러분도 마찬가지입니다.

글을 쓰고 싶다면, 일단 써보세요! 처음엔 두려웠지만, 한 문장씩 쓰다 보니 점점 더 확신이 생겼습니다. 처음 한 줄을 쓰는 것이 가장 어렵지만, 그 한 줄이 세상과 연결되는 첫걸음이 될 거예요.

너무 날것이라 파닥거려도 괜찮습니다. 모든 창작물은 처음엔 다 어색하고, 거칠고, 불완전하거든요. 그렇다고 해서 꺼내놓지 않으면 아무것도 시작되지 않아요.

그러니, 여러분의 머릿속에 있는 그 막연한 생각을 세상에 꺼내봅시다. 일단 세상에 존재하게 한 후에, 천천히 다듬으면 됩니다. 그 과정에서 나 자신도 성장하게 됩니다.

이 글을 읽고 있는 당신이 글을 쓰고 싶다면, 지금 시작해 보길 바랍니다. 당신의 이야기는 가치가 있어요. 그러니 지금 바로 한 줄을 써보세요. 그 한 줄이, 당신을 새로운 세상으로 연결해 줄 거예요!

실용서 따위는 쉽다, 진짜 힘든 건 이거였다

(예글)

 실용적인 정보를 담은 글은 많이 써봤어요. 취업 준비생을 위한 제 직업 소개 전자책, AI 툴인 미드저니를 처음 접하는 사람들을 위한 기본 가이드 전자책, 내가 하고 싶은 말을 오해 없이 전할 수 있는 대화법 전자책 등 많아요. 이런 실용서들은 정보를 정확하게 전달해야 하기 때문에 명확한 서술이 중요해요. 그래서 저는 전달하고자 하는 바를 논리적으로 정리하고, 독자들이 헷갈리지 않도록 간결하고 쉽게 설명하는 연습을 많이 했어요. 이러한 글쓰기 방식에 익숙해지다 보니, 정보 중심의 글을 작성하는 것은 어느 정도 수월해졌어요.

 하지만 문득 다른 장르의 글도 써보고 싶다는 생각이 들었어요. 특히 에세이 책에 대한 관심이 커졌어요. 실용적인 글을 쓰는 것과는 완전히 다르잖아요? 정보를 전달하는 글이 아니라, 내 생각과 감정을 온전히 담아내는 글이 써보고 싶었어요. 예전부터 에세이 책을 읽을 때 저자의 경험과 감정이 섬세하게 녹아 있는 문장들이 참 인상적으로 느껴졌어요.

하지만 에세이는 다르잖아요. **에세이는 유려한 문장력을 가진 전문 작가들의 영역이라고 생각했어요.** 단순히 문장이 매끄럽기만 하면 되는 것이 아니라, 글에 개성이 있어야 하고, 감정을 깊이 있게 전달할 수 있어야 해요. 무엇보다, 나만의 이야기를 써야 하는데, 그것도 누구나 쓸 수 있는 지루한 일상이 아니라, 평범한 일상 속에서도 특별함을 발견해 내고, 이를 글로 아름답게 표현할 수 있는 사람이 써야 한다고 생각했어요. 과연 내가 그런 글을 쓸 수 있을까? 그 의문이 항상 저를 주저하게 만들었죠.

에세이 책을 써보려고 노트북을 열어서 몇 문장 쓰다가 말고, 닫기를 수십 번 반복했어요. '내 이야기를 써도 되는 걸까?' 생각하며 오랜 기간 확신이 없었어요. '내가 글맛이 있는 사람인가?'라는 고민도 있었지만, 사실 더 큰 문제는 **제가 경험한 삶의 일부를 글로 적어 세상에 책으로 내놓는 것에 대한 두려움이었어요.**

제가 에세이 책을 집필한다면, 제가 경험했던 인생의 우울한 시기에 대해서 쓰고 싶은데, **'난 이런 어두운 이야기를 공개할 준비가 되었나?**

정말 이걸 세상에 내놓아도 내가 괜찮을까?' 싶은 생각도 들었어요. '비밀 일기장에만 써야 할 것 같은 내용인데, 이걸 대중에게 공개해도 부끄럽거나 후회하지 않을 수 있을까?', '사람들은 내 이야기를 어떻게 받아들일까?' 이런 고민들이 끊이지 않았어요.

그러던 어느 날, 스레드에서 '나만의 이야기'를 써서 평가받는 공모전인 '뷰이듀스 101' 모집글을 보게 되었어요.

'이거다!' 싶었죠. 에세이를 쓰고 싶긴 하지만, 아예 한 권의 책을 완성할 자신은 아직 없는 저에게 딱 맞는 기회였어요. 이 공모전에서는 한 권 분량의 책을 쓰는 것이 아니라, 책에 들어갈 만한 한 꼭지의 분량만 작성하면 됐어요. 부담 없이 시작할 수 있는 기회였죠. 그래서 이 공모전에 참가하여 에세이 글쓰기 실력을 조금씩 쌓아나가 보기로 했어요.

'뷰이듀스 101' 오디션에 지원하고, 지금 이 공동 저서 집필에도 참여했지만, 사실 저는 아직도 에세이 쓰는 것에 대한 자신감이 충만하다고 말하기는 힘들어요. 여전히 글을 쓸 때면 '이 글이 정말 괜찮은 글일까?'라는 고민을 해요. 하지만, 확실하게 깨달은 것이 있어요.

어둡고 내밀한 이야기일수록 독자들은 더 열광한다는 거예요. 쉽게 공개할 수 없는 감정들, 누구에게도 말하지 못했던 고민들을 글로 오픈

하면, 독자들은 오히려 큰 위로를 받더라고요. '이런 감정을 나만 느낀 게 아니었구나'라며 공감하시더라고요.

저는 뷰이듀스에 참여하면서, 산후우울증을 겪으며 힘들어했던 제 이야기를 대중에 공개했어요. 그리고 블로그에도 같은 내용을 포스팅했어요. 그런데 놀랍게도, 독자들은 제 이야기에 깊이 공감하며 뒷이야기를 궁금해하셨어요.

'나만 이렇게 힘든 날들이 있었나?' 하며 고민하며 글을 썼지만, 생각보다 많은 사람들이 다른 방식으로지만 비슷한 감정을 느낀 경험이 많았어요. 에피소드는 달라도, '세상에서 없어져 버리고 싶다. 그냥 간단하게 사라질 수 있다면 좋겠다'라는 생각은 우울증을 겪어본 사람들이라면 한 번쯤 해본 생각이더라고요.

처음에는 '내가 힘들었던 이야기를 정말 써도 괜찮을까?'라고 고민했어요. 하지만 글을 쓰고 나서 알게 됐어요. **내 이야기가 누군가에게 위로가 될 수도 있다는 걸요.** 글을 쓰는 것이 단순히 나만의 치유가 아니라, 다른 누군가의 치유도 될 수도 있다는 걸요. 그리고 그 깨달음이 저를 다시 글 앞으로 이끌었어요.

에세이를 쓰는 과정은 여전히 어렵지만, 이제는 조금씩 용기를 내 보려고 해요. **내 감정을 솔직하게 표현하는 것이 부끄러운 일이 아니라는 걸 알았으니까요.** 그리고 누군가는 그 글을 읽고 위로받을 수도 있다는 걸 알았으니까요. 앞으로도 더 많은 이야기를 써보고 싶어요. 실용서와는 또 다른 방식으로, 제 마음을 담아낸 글을요.

끝: (로와)
마무리는 언제나 감사함으로

세상에 내 글을 내보내기로 한 본격적인 시작

스레드에서 글을 쓰며 사람들과 소통하는 경험을 쌓아가던 중, 나는 뷰이듀스 101 공동 저서 집필이라는 새로운 도전에 나서게 되었다. 온라인에서 짧은 글을 쓰는 것은 익숙했지만, '책'이라는 형식으로 내 글이 남겨진다는 것은 또 다른 차원의 일이었다. 세상에 내 글을 내보인다는 것이 설레기도 했지만, 한편으로는 두렵고 부끄러운 감정이 밀려왔다.

마치 산속 깊은 곳에 있는 어두운 동굴에서 오랫동안 혼자 운동을 하던 원시인이, 이제 막 세상 밖으로 횃불 하나를 들고 나온 기분이었다. 내 글이 과연 사람들에게 어떤 모습으로 비춰질지, 다른 작가들의 글과 비교될까 봐 걱정이 되기도 했다. 그러면서도 내 글이 누군가에게 닿아 의미 있는 울림이 되기를 바라는 마음도 컸다.

하지만 공동 저서를 집필하는 과정에서 나는 단순히 나만의 이야기를 세상에 내놓는 것이 아니라, 다른 작가들의 글을 읽고 그들과 교감하는 과정도 함께 경험했다. 그들의 글을 읽으며 '진리는 단순한 것이 아닐까' 하는 생각이 들었다.

어쩌면 우리는 모두 비슷한 이유로 글을 쓰고 있었고, 비슷한 고민을 안고 있었으며, 비슷한 두려움과 기대를 가지고 있었다. 그리고 이 과정에서 자연스럽게 서로의 첫 번째 팬이 되어갔다. 함께 글을 쓰며 처음 만난 작가님들의 앞으로의 글이 기대되었고, 이미 책을 낸 작가님들의 작품을 찾아 읽어보고 싶어졌다. 나는 그분들의 책을 직접 몇 권 사서 읽어보기로 했다.

이러한 새로운 만남이 이어졌고, 또 앞으로 만나게 될 독자들과의 만남도 이어질 것이다.

글을 쓰며 '나'와 다시 만나다

그러면서 나는 내 글과 다시 마주했다. 그리고 그 안에서, 진정한 '나'와 만났다.

다른 작가님들의 글을 읽으며 한편으로는 신기했고, 한편으로는 스스로가 작아지는 기분도 들었다. 다들 글을 쓰고자 하는 이유가 예상보다 유사했고, 그것이 나에게는 묘한 안도감과 동시에 작은 불안감을 주었다.

나만의 색깔을 충분히 드러내고 있을까? 내 글이 이 안에서 잘 어울릴까? 괜히 비교될까 봐 겁이 났고, 혹시나 내 글이 부족하면 어쩌나 걱정이 되었다. 그럼에도 불구하고, 나는 글을 마무리하는 과정에서 점점 더 나 자신을 마주하고, 내 글을 사랑하는 법을 배워갔다. 마냥 무섭고 두려워서 애써 강한 척했지만, 사실 속에서는 벌벌 떨고 있는 작은 아이 같은 모습이 있었다. 하지만 그런 나를 억누르기보다는 인정하기로 했다. 내가 쓴 글을 통해, 나는 나를 더 깊이 이해하게 되었다.

글을 다듬고 완성하는 과정은 단순한 편집 작업이 아니라, 나의 목표를 더 확실히 정리하고, 왜 글을 쓰고자 했는지를 구체적으로 표현하는 과정이었다. 그렇게 완성된 글을 보며 나는 깨달았다.

'아, 나는 정말 글을 쓰고 싶었구나.'

그리고 내 글이 언젠가 누군가에게 의미 있는 흔적으로 남을 수 있다는 사실이, 내 마음속에서 작은 희망으로 싹을 틔웠다.

마치 불이 촛불에 붙는 것처럼, 내 안에서 조용한 열정이 타오르는 느낌이었다.

앞으로 나아갈 길

이제 나는 새로운 길을 가고 있다. 스레드에서 시작된 글쓰기가 책이라는 형태로 세상에 남게 되었고, 이제는 더 많은 사람들에게 다가갈 수 있는 가능성이 열렸다. 이러한 기회를 열어주신 에디터 뷰이님에게 감사하고, 무엇보다도 이 도전을 기꺼이 해낸 나 자신에게도 감사를 전하고 싶다.

 이제 남은 것은 계속해서 글을 쓰는 것. 그리고 세상과 소통하며, 더 많은 사람들과 연결되는 것이다. 나는 여전히 글을 통해 나를 찾고 있고, 앞으로도 계속해서 글을 통해 세상과 만나고 싶다.

세상의 아름다움을 찾는 눈으로, 따스한 마음으로

빛음

"오! 이거 재밌겠다. 그동안 내가 쓴 글이 얼마나 많은데, 그중에 한 편 내는 거야 어렵지 않지!"

뷰이듀스 101에 참가 신청할 때만 해도 자신감이 넘쳤다. 자신 있게 도전장을 내밀었다. 그리고 본선에 진출. 이제 정말 나의 글을 선보일 차례가 되었다. 도전장을 내밀었던 때와 다르게 살짝 걱정이 밀려왔다. 평소 썼던 글은 되새기며 퇴고할 일이 없었는데, 막상 본선이라는 형식을 거쳐야 하니 글을 자꾸만 읽고 또 읽게 되었다. 거기다가 500자라는 글자 수 제한까지 있으니 의도가 제대로 전달되지 못할까 봐 더욱 불안했다.

"이 문장을 뺄까?"

"이 단어는 괜찮아?"

그렇게 고민하며 친구에게 읽어보기를 권했고, 친구의 코멘트에 따라 조금씩 수정을 했다. 그렇게 고치다 보니 문장은 정돈된 느낌이었으나,

글이 낯설었다. 평소 글을 쓰고 읽는 동안 생각이 정리되고 마음이 후련했었는데, 고친 글을 보고 있으니 그런 느낌이 사라졌다. 뭔가 속 시원한 느낌이 없었다. 역시 불안했던 그 마음처럼 결승전까지 올라가지 못했다. 그러나 그 과정에서 깨달은 것이 있다. 타인의 의견을 듣는 것도 중요하지만, 결국 내 글은 나답게 쓸 때 가장 빛난다는 걸 배웠다.

'좋은 글이란 무엇일까?'라는 생각에 빠졌다. 독자의 마음을 흔드는 문장, 단어, 수려하게 펼쳐내는 기술 등 다양한 요소가 있겠지만, 그것이 멋지다고 느껴지는 이유는 단순히 '글 잘 쓰는 법'대로 써서 그런 것이 아니었다. 읽는 동안 글 속에서 이어지는 그 작가만의 필체, 문체, 어휘에 쑤욱 빠졌다가 나오는 경험. 그것이 내게 감동을 주었고, 결국 좋은 글이란 그런 것이라는 결론에 다다랐다.

과거에는 누군가가 만들어 놓은 '형식'에 맞추어 그 틀에 딱 맞추는 내가 뿌듯했다. 나도 글을 잘 쓰는 것 같았고, 남들이 좋다고 하는 방식을 따르면 안전하게 인정받을 수 있을 것 같았다. 하지만 시간이 지나고, 글을 쓸수록 그렇게 쌓아온 틀마저 잊어버렸다. 아니, 잊고 싶어졌다. 그냥 쓰고 싶은 대로, 하고 싶은 말을 내 방식대로 하는 것이 가장 자연스럽고, 내가 바라는 일이라는 걸 깨달았다.

이번 경험은 나에게 또 다른 질문을 던지게 했다. 나는 왜 글을 쓰는가? 그리고 내 글이 가진 힘은 무엇인가? 남들에게 평가받기 위한 글이 아니라, 나를 표현하는 글을 쓰고 싶은 마음이 점점 더 커졌다. 누군가 만들어 놓은 길을 가고자 하는 사람이 아니구나. 나는 나만의 무엇인가를 만들고 싶구나.

뷰이듀스 이후 공동 저서를 준비하면서 나는 글을 어떻게 다듬어야 하는지, 그리고 어떤 글이 사람들에게 공감을 주는지 고민했다. 친구의 피드백을 받아 수정하는 과정에서 나는 글을 더욱 단단하게 만드는 법을 배웠지만, 동시에 나의 색깔이 흐려지는 경험도 했다. 그래서인지 최종 원고를 제출한 후에도 마음 한편이 개운하지 않았다. 이 글이 정말 나다운 글인지, 아니면 다른 사람들의 의견을 반영해 만들어진 글인지 헷갈렸다. 물론 외부의 시선과 조언은 중요하지만, 그것이 내 글의 본질을 바꿔서는 안 된다는 것을 깨달았다.

여태까지 누군가에게 선보일 글은 '잘 쓰인 글'을 목표로 삼았다. 문법적으로 완벽하고, 논리적이며, 독자가 읽기 쉽게 정리된 글. 하지만 그런 글이 정말 좋은 글일까? 나는 다시금 질문을 던졌다. 내가 좋아하는 글을 떠올려 보았다. 문장이 세련되지 않아도, 형식이 완벽하지 않아도 가슴을 울리는 글이 있다. 작가의 진심이 느껴지고, 그 사람만의 색깔이 묻어나는 글. 그런 글이 내 마음을 움직였다. 결국 좋은 글이란 잘 정리된 글이 아니라, 진정성 있는 글이 아닐까.

책을 쓰는 과정에서도 이 깨달음은 더욱더 선명해졌다. 글을 다듬는 일은 중요하지만, 그 과정에서 내 색을 잃지 않는 것이 더욱 중요했다. 나는 이제 나만의 언어로, 나만의 방식으로 글을 쓰고 싶다. 누군가가 정해놓은 형식에 맞추기보다 내 목소리를 담아 자유롭게 써 내려가고 싶다. 그렇게 해야만 내 글이 진짜 내 것이 될 수 있기 때문이다.

앞으로도 나는 나답게, 내가 느끼는 대로 써 내려갈 것이다. 문장의 기술이 아니라, 나의 목소리가 담긴 글을 쓰는 것. 그것이야말로 내가 찾던 길이라는 걸 이제는 확신한다. 내 글이 나를 표현하는 도구가 될 때, 나는 가장 자유로워진다.

글쓰기를 좋아하는 사람이라면 한 번쯤 비슷한 고민을 해봤을지도 모르겠다. 어떻게 하면 더 좋은 글을 쓸 수 있을까, 남들이 인정해 주는 글이란 어떤 것일까. 결국 중요한 것을 내가 쓰고 싶은 이야기를 진솔하게 담아내는 게 아닐까 싶다. 글쓰기는 결국 나와의 대화다. 내가 내 목소리를 믿고 계속 써 내려간다면, 언젠가 누군가의 마음을 두드릴 수도 있지 않을까. 때로는 용기를 잃고, 길을 잃은 것처럼 느껴질 수도 있지만, 그 과정조차 글쓰기의 일부분일 것이다. 삶이 그렇듯. 너무 조급해하지 말고, 남들이 정해놓은 기준에 맞추려고 애쓰지 말고, 나만의 속도로, 나만의 방식으로 글을 쓰면 좋겠다.

결국 새 길을 만드는 사람은 무수한 수풀을 헤쳐나가야만 하니까. 멈추지 않고 걷다 보면 그곳에 길이 만들어지고, 그 길을 좋아하는 사람이 생길 것이다. 이 글을 읽는 분들도 자신에 대한 믿음을 가지고 각자의 길을 만들어 가면 좋겠다. 길을 만들기 위해서는 일단 '용기'만 있으면 된다. 몇 번을 헤매더라도, 걷기만 한다면 그 길은 만들어질 테니.

'세상의 아름다움을 찾고 싶다'는 마음으로 세상을 보길.
모든 것을 세심한 마음으로 살피며 글감을 찾길.
머릿속에서 나온 글이 아닌, 마음에서 나오는 따뜻한 글을 쓰길.

두려움을 넘어
이야기가 시작되는 순간

나만의 이야기일 줄 알았던 것

 갓 태어난 아이를 품에 안는 순간의 떨림이 있습니다. 그리고 자신의 이야기가 담긴 글이 세상에 나가는 순간의 떨림이 있습니다. 둘 다 내 일부가 세상과 만나는 순간이라 비슷한 감정이 들었어요. 설렘과 아득한 두려움이 함께하는 그 순간은 놓치기 아쉬울 만큼 특별했습니다.

 처음 글을 쓰기 시작했을 때, 마음속엔 설렘과 기대가 가득했어요. '산만한 아이', '내성적인 아이', '다양한 특성의 아이들'에 대한 제 경험과 깨달음이 다른 부모님들에게도 도움이 될 수 있을 거라는 희망이 있었거든요. 그 희망을 안고 한 글자 한 글자 정성껏 써 내려갔습니다.

 열두 살 때의 전신마비 경험, 어린 시절 이해할 수 없었던 아버지와의 관계, 그리고 제 아이의 울부짖음을 통해 깨달은 것까지…. 이런 개인적인 이야기들을 세상과 나누는 것은 분명 용기가 필요한 일이지만, 그만큼 의미 있는 일이라고 생각했어요.

하지만 글을 쓰는 과정에서, 그리고 그 글이 세상에 나가 다른 사람들과 만나는 과정에서 신기한 일이 일어났습니다. 내 이야기가 단지 '나만의 이야기'가 아니었다는 걸 깨닫게 된 거예요. 게다가 위로받는 느낌이 좋았습니다. 어린 시절의 나에게 누군가 "다 괜찮아"라고 말해주는 것 같아서 마음이 따뜻해졌어요.

독자들의 반응에서 제가 경험한 감정과 고민이 많은 분께 공유되고 있다는 것을 알게 되었습니다. 가장 개인적인 이야기가 오히려 가장 보편적인 공감대를 이끌어낸다는 것을 그때 깨달았어요. 자녀를 키우는 부모님들뿐 아니라, 아직 부모가 되지 않은 분들까지도 자신의 특성과 어린 시절을 들여다보는 계기가 되었다는 메시지를 받을 때면 가슴이 뭉클했습니다.

나를 치유한 글쓰기

"글이 되는 순간, 아물기 시작한 마음의 상처." 제가 쓴 두 번째 챕터의 제목인데, 이것이 정말 사실이었어요. 글을 쓰는 과정에서 제 마음의 상처들이 조금씩 아물어가는 걸 느꼈거든요.

어린 시절 아버지와의 관계, 열두 살 때의 전신마비 경험 등을 글로 풀어내면서, 그동안 제대로 들여다보지 못했던 감정들을 직면하게 되었어요. 처음에는 아팠지만, 그 과정에서 이상한 평화가 찾아왔습니다. 글을 쓰면서 눈물을 흘리기도 했지만, 그 눈물은 상처에서 나오는 것만은 아니었어요. 오히려 그 상처를 인정하고, 받아들이고, 그것으로부터 배우게 된 데서 오는 해방감 같은 것이었습니다.

아이러니하게도, 제 상처 이야기가 세상에 나가는 순간, 그 상처는 더 이상 저를 아프게 하지 않았어요. 마치 어두운 방에 숨어있던 괴물이 빛을 보는 순간 그저 평범한 물건의 그림자였다는 것을 깨닫는 것처럼, 글로 표현된 제 상처는 더 이상 제게 두려움의 대상이 아니었습니다.

가장 놀라운 것은, 제 상처가 남에게는 위로가 된다는 사실이었어요. 우리의 아픔이 서로를 이해하고 연결하는 다리가 된다는 것을 실감했습니다. 그런 의미에서 글쓰기는 단순한 표현의 수단이 아니라, 치유와 연결의 도구였던 셈이죠.

이 과정에서 저는 부모로서의 자신감도 얻게 되었어요. 완벽하지 않아도 괜찮다는 것, 실수를 하더라도 그것을 인정하고 아이와 함께 배워나가면 된다는 것을 깨달았거든요. 어쩌면 아이에게 가장 필요한 것은 완벽한 부모가 아니라, 진실되고 진정성 있는 부모, 그리고 아이의 속도를 존중하고 기다려주는 부모가 아닐까 싶어요.

'작가'가 된다는 것

"나는 작가가 될 수 있을까?" 이런 질문을 수없이 했던 것 같아요. 처음에는 '작가'라는 단어가 너무 거창하게 느껴졌습니다. 뭔가 특별한 재능을 가진 사람, 문학적 깊이가 있는 사람, 혹은 출판사와 계약을 맺은 사람만이 '작가'라고 생각했거든요.

하지만, 이 공동 저서 집필 과정을 거치면서 깨달았습니다. '작가'란 단지 글을 쓰는 사람이 아니라, 자신의 진실된 목소리로 세상과 소통하는 사람이라는 것을요. '나도 작가가 될 수 있겠구나'라는 확신이 들었습니다.

작가가 된다는 것은 베스트셀러를 쓰거나 유명해지는 것이 아니었어요. 그저 한 사람의 내면에서 시작된 이야기가 다른 사람의 마음에 닿아, 거기서 또 다른 이야기가 시작되게 하는 것. 그것이 바로 작가의 역할이 아닐까 싶습니다.

이 과정에서 느낀 것은, 글을 쓰는 것보다 중요한 것은 '자신의 이야기'를 믿는 것이라는 점이었어요. 처음에는 제 이야기가 별것 아니라고 생각했지만, 그 이야기에 귀 기울이는 분들을 만나면서 이야기의 힘을 느꼈습니다. 누군가에게 용기와 위로를 줄 수 있다는 것, 그것이 바로 작가로서의 가장 큰 보람이었어요.

앞으로의 이야기, 계속되는 여정

이 공동 저서가 출간되면, 저의 이야기는 더 많은 사람들을 만나게 될 거예요. 사실 아직도 조금은 두렵습니다. 더 많은 사람들이 제 이야기를 읽게 된다는 것, 그런 생각을 하면 가슴이 떨리기도 해요. 하지만 그보다 더 큰 기대와 설렘이 있습니다.

제 이야기가 아이를 키우는 부모들에게, 자신의 특성을 이해하려는 이들에게, 그리고 자신의 상처를 치유하고자 하는 분들에게 작은 등불이 되었으면 좋겠어요. 그리고 무엇보다, 아직도 자신의 이야기를 세상에 내놓기를 망설이는 누군가에게, "당신도 할 수 있어요"라고 말해주고 싶습니다.

앞으로는 제가 '앤소장'으로서 경험한 이 모든 배움을 바탕으로, AI 시대에서 청소년이 필요한 역량을 키울 수 있는 교육 환경을 만들어 가고 싶어요. 빠르게 변화하는 세상 속에서도 아이들이 자신만의 속도로 성장할 수 있도록 지원하는 환경이 더욱 중요해질 테니까요. 획일화된 성공의 기준이 아닌, 다양한 개성과 재능이 존중받는 교육을 함께 고민하는 부모 커뮤니티를 꾸려나가고 싶습니다.

모든 아이는 다르고, 각자의 재능과 관심사가 있으니, 그것을 발견하고 발전시킬 수 있는 기회를 제공하는 것이 중요하다고 생각해요. 더불어 부모가 함께 배우고 성장할 수 있는 커뮤니티를 통해 서로의 경험과 지혜를 나누고 싶어요.

아이를 키우는 일은 때로 외롭고 힘들 수 있으니, 서로 응원하고 격려

하는 공간이 필요하다고 생각합니다. "한 아이를 키우기 위해서는 온 마을이 필요하다"는 말처럼, 함께 키워가는 공동체의 힘을 믿어요.

생각해보면, 우리의 이야기는 한 권의 책으로 끝나지 않아요. 아이들이 자라면서 계속 새로운 이야기가 만들어지듯, 우리의 글쓰기 여정도 계속되겠지요. 새로운 경험, 새로운 깨달음, 그리고 새로운 만남이 더 풍성한 이야기를 만들어낼 거예요.

마지막으로, 이 글을 읽고 계신 분들께 말씀드리고 싶어요. 당신의 이야기도 누군가에게 필요한 것입니다. 완벽하지 않아도 괜찮아요. 잘 정리되지 않았어도 괜찮고, 문학적이지 않아도 괜찮습니다. 그저 당신만의 진실된 목소리로 이야기해 주세요. 그 진정성이 누군가의 마음을 만질 테니까요.

세상에는 아직 닿지 않은 수많은 이야기들이 있습니다. 당신의 이야기가 그중 하나라면, 부디 용기를 내어 세상과 나눠주세요. 그 이야기가 누군가에게는 길을 찾게 해주는 지도가 될 수도 있으니까요.

나의 글이 끝나는 곳에서, 당신의 이야기가 시작되기를 바랍니다.

반들반들

나문수

그날이었을까. 하얀 창틀을 넘어 네모난 햇살이 내 공책 위에 살포시 앉았던 어느 봄날. 대학교 도서관에서 다음 강의를 기다리며 시를 적은 그날이, 글이란 것에 생애 처음 진심을 담았던 때 같다. 기억하기로 그 시는 연애감정을 그린 시였는데, 사랑하는 이를 떠올리면 뒤통수가 성냥처럼 바짝 타오른다고 비유했었다.

스무 살의 그 어린 녀석에게 사랑은 아직 부끄러운 일이었고 말주변이며 숫기도 없었으니, 아궁이 밑에서 막 꺼낸 감자 같은 그 마음을 시로 떨쳐 냈던 거다. 그 시절엔 부끄러운 마음을 시로 적고, 적은 시를 보며 한 번 더 부끄러워할 만큼 어리숙했다. 창틀로 하얀 햇볕이 들면 마음도 따라 하얘질 만큼 순수하기도 했다.

그런 마음이 예쁜 글을 낳았을까. 아마도 그러지 못했던 것 같다. 누가 보여달라 하면 기겁했을 정도로 낯간지러운 말들이었을 거다. 순수하고 깨끗할지언정 잘 다듬지 못한 그 마음은, 어쩐지 비누로 감은 머리카락처럼 뻣뻣했다. 그러고 보면 그 시절엔 하는 짓들이 죄다 삐그덕거렸다.

대학 생활이든 인간관계든 글쓰기든 사랑이든. 그때 알았다면 참 좋았을 텐데 싶은 순간들이 많다. 폐를 끼친 사람도 많았다. 꼭 일을 저지르고 나서야 깨닫고 마는 멍청한 놈이었던지라, 항상 뒤늦은 후회만 남았다.

그래서 이십 대 초반에 쓴 글에는 사람들에게 속죄하는 마음이 담기곤 했다. 서툰 속죄는 나를 포함해, 나를 둘러싼 모든 것을 미워하게 만들었다. 내가 못난 사람이라는 걸 스스로 증명하는 게 가장 확실한 속죄의 방법인 줄 알았다. 그리고 당사자들에게 제대로 된 사과를 전하기보다, 그들의 삶에서 사라져 주는 게 낫겠다는 이기적인 태도를 취하기도 했다. 지금도 그 시절을 떠올리면 그때는 어려서 그랬던 게 아니라, 멍청하고 이기적이었기 때문에 그랬던 거라고 여긴다.

그래서 위안을 얻었는가. 아니, 잘 풀리는 게 하나 없었다. 가까워지고 싶은 사람과 틀어지고, 성적은 떨어졌으며, 사랑은 멋대로 마음속에 싹 터서는 짝사랑이 되어 내 손으로 묻어줘야 했다.

그나마 다행이었던 건 그땐 글쓰기를 막 시작한 참이라, 그걸로 뭔가 특별한 성과를 내지 못했다고 침울해지진 않았다. 어쩌면 그 시절엔 까만 문장을 이어갈 때마다 내 마음에 길을 하나씩 놓는다고 생각했을지도 모른다. 내가 올바른 삶으로 나아간다는 증거. 그게 절실했던 걸까. 필명을 막 지었을 때가 떠오른다.

'글을 쓰기 이전의 삶은 이제 없다.'

'글을 쓰기 이전의 나를 갈아엎자.'

함께 문학을 하려고 모인 동아리 사람들 사이에서도 내 필명은 농담거리에 지나지 않았다. 내 글이 별로인가 싶었던 순간이 매일 파도쳤다. 내가 가벼워 보이는 사람인 줄은 알았다. 그래도 글은 진심으로 썼었는데. 내 취급 때문에 글마저 소꿉장난처럼 여겨지니, 가슴에 먹물이 차는 것 같았다.

별수 없었다. 이미 문학이라는 열차에 오른 이상 뛰어내리지 못하게 됐다. 어떤 정거장에 닿을지도 모른 채 석탄 같은 마음을 계속 태웠다. 그게 벌써 9년이나 됐다.

사람 쉽게 안 변한다는데, 뜯어 보니 그새 많이도 변했다. 말랑했던 뒤꿈치는 갈라졌고, 부드럽던 머릿결은 푸석해졌다. 예전엔 뭘 먹어도 소화가 잘됐지만, 이제는 까딱하면 속이 더부룩해지거나 쓰린다. 시력은 떨어졌고 이명이 늘었다.

떠나간 세월만큼 사람들이 떠나갔고, 촉촉했던 감수성마저 요즘은 마른 것 같다. 슬픈 영화를 보면 곧잘 울었던 나도 요새는 그런 걸 보고 우는 일이 없다. 밤이 되면 낭만을 덮고 잠들곤 했었는데, 이제는 피곤에 취해 빨리 잠들고 싶다는 생각만 할 때가 많다.

몇 년째 쌓은 원고는 1메가 바이트는 될까 말까 한 데이터로만 남았고. 전자책 하나, 반기획 종이책 하나, 독립출판 종이책 하나를 작년에 냈다. 가끔 쓰고 자주 고쳤다.

화면에 문장을 채운 만큼 마음에도 새까만 발자국이 찍혔다. 그 시절엔 작가가 되려고 그렇게 기를 쓰며 살았는데, 작가가 된다고 사는 게 그리 달라지진 않았다.

글쓰기는 삶을 버티는 데에 힘이 됐지만, 역시나 먹고 사는 데에는 쓸모가 없었다. 적어도 내 글쓰기는 그랬다. 열심히 써 왔는데… 매번 망했다. 망했다는 표현이 딱 맞다. 억울하지 않았다면 거짓말이다. 잘 쓴다는 말도 듣고. 덕분에 위로를 받았다, 나중에 꼭 성공할 거 같다는 말을 들었는데도. 도무지 언제 숨통이 트일지 감이 잡히지 않는다.

사실, 요즘은 글쓰기로 칭찬을 들어도 아무런 감흥이 없다. 나도 잘 쓴다는 게 어떤 건지는 잘 아니까. 정작 책을 내봤자 가족 말고는 주변 사람들도 사는 일이 없는 게 현실이다. 꿈을 향해 내달렸던 시간은 달콤했지만, 현실에 다다르자 달려 온 시간만큼 찍힌 발자국이 마음을 까만 바둑알처럼 만들었다.

"너는 언제가 가장 좋았어?"

지난 추석 때였나. 작은어머니의 그 질문에 이렇게 답했다.

"지금이 가장 좋아요. 좋았던 적이 없었거든요."

아직 빛을 보지 못했으나, 앞으로도 빛을 볼 수 있을지 알 수 없는 팔자. 꿈을 쫓던 나는 이제 없고, 현실에 쫓기는 나만 남았다. 염병할 출장을 나와서도 원고를 쓰고 있는 처지가 애처롭다.

가끔은 전부 그만두고 단지 즐겁게만 살고 싶을 때가 있다. 퇴근하면 유튜브를 보거나 게임만 하고. 주말엔 혼자 나가서 영화 보고 맛집이나 찾아다니면 얼마나 좋을까. 책을 쓰지는 않고 읽기만 하면 얼마나 좋을까. 그게 안 된다. 마음은 딱딱하게 굳어 가는데, 이놈의 감성이 그 굳은 살을 기어코 쪼개고 튀어나온다. 지친다. 그런데도 결국 마음이 슬금슬금 움직인다.

그래 이 재미 저 재미 쫓아 봐야, 남들 마음에 퐁당 문장을 던지는 재미를 어디서 볼까. 몰래 볼살을 콕 찌르고 도망가는 기분. 누구나 할 수 있다는데도 누구나 하지는 않는 장난. 얼마나 오래 하고 얼마나 많이 벌고 그런 거 다 제쳐 두고. 그 시커먼 마음 그나마 반들반들하게 만든 게 뭐였을까. 왜 쓰지 않고는 못 배겼을까. 다른 건 죄다 달라졌어도 그거 하나는 여전하다.

아, 역시 쓰는 게 재밌다.

모든 이야기는
특별하다

(자별)

어릴 때부터 '작가'라는 단어가 참 멋있어 보였다. 버킷리스트에는 늘 적혀 있었다.

"내 이름이 들어간 책 출간하기."

내가 생각한 작가는 세상을 뒤흔드는 메시지를 쓰고, 책 제목만 말해도 "아, 그 책!"하고 모두가 알아보는 그런 사람이었다. 나는 그런 글을 쓰지 못했다. 그래서 자격이 없다고 생각했다. 공방을 운영하던 시절, 강의를 하거나 프로젝트를 진행할 때 사람들은 종종 나를 '작가'라고 불렀다. 그 호칭은 늘 낯설었다. "나는 작가일까, 아닐까?" 이 질문은 꽤 오래 내 곁에 머물렀다.

검색해 봤다. 작가란 창작 활동을 하는 사람. 정의는 생각보다 넓었다. 나는 이미 글을 쓰고 있는데, 왜 작가라고 생각하지 못했을까? 책을 쓰고 싶다는 생각은 있었지만 마음뿐, 행동은 없었다.

그러다 어느 날, 기회가 왔다. 지역 어르신들을 인터뷰하고 그 이야기를 그림책으로 만드는 프로젝트에서 보조 강사로 함께하게 됐다. 다른 사람들의 책이 만들어지는 걸 보며 '나도 한번, 써볼까?' 하는 조심스러운 생각이 들었다.

결국 한 권의 그림책을 독립 출판했다. 책을 만드는 과정은 생각보다 힘들었다. 글을 쓰고, 그림을 그리고, 인쇄까지 마치고 나니 지쳤지만, 동시에 기뻤다. 내 이름이 찍힌 책. 그 책이 인터넷에서 판매되고, 누군가의 책장에 꽂히는 순간, 그건 내게 역사적인 순간이었다. 그럼에도 여전히 마음 한구석에는 질문이 남았다.

'이제 나는 작가인가?'

글을 쓴 것도 사실이고, 책도 출간했지만 '작가'라는 단어는 여전히 낯설었다. 그림책 이후, 나는 더 많은 글을 쓰고 싶어졌다. 자연스럽게 필사를 시작했다. 처음엔 좋아하는 문장을 따라 쓰는 것뿐이었는데, 점점 글쓰기를 위한 과정이 되어갔다. 문장을 곱씹으며 내 생각이 정리됐고, 나도 글로 표현하고 싶어졌다.

혼자 쓰는 것도 좋았지만, 누군가와 나누고 싶었다. 그래서 글을 SNS에 올렸다. 브런치 작가가 되었고, 스레드 저자 오디션에도 도전했다.

얼마 전, 안네 프랭크의 「안네의 일기」에서 이런 문장을 필사했다.

'나 같은 사람이 이렇게 일기를 쓰고 있다니 참으로 이상한 기분이 들어. 지금까지는 일기를 써본 적도 없을뿐더러 세상 누구도 열세 살 먹은 여자아이의 고백 따위에 신경 쓰지 않을 테니까 말이야. 그럼에도 나는 이렇게 일기를 쓰고 싶고, 마음속에 있는 모든 것을 털어놓고 싶어. 이게 나를 너무나 즐겁게 해.'

그 문장을 읽고, 한참을 멍하게 앉아 있었다. 안네 프랑크는 자신이 작가가 될 거라고 생각했을까? 그저 자신을 기록했을 뿐인데, 그 기록이 세상을 움직였다.

그럼 작가란 무엇일까? 이제 조금 알 것 같다. 작가는 베스트셀러를 써야만 되는 것도, 전시회를 열어야만 되는 것도 아니다.

자신만의 목소리로 이야기를 쓰는 사람. 그게 작가다.

내 이야기는 어쩌면 별 볼 일 없을 수도 있다. 누군가는 지나칠 것이고, 누군가는 마음에 담을 것이다. 한 사람이라도 내 글을 읽고, 무언가를 느꼈다면 그 글은 가치 있다.

"쓰는 순간, 작가다."

예전엔 콧방귀 뀌던 말이었는데, 지금은 조금 이해된다. 나는 앞으로도 계속 쓸 것이다. 이 공동 저서는 끝이 아니라 시작이다. 버킷리스트에 적힌 "내 이름이 들어간 책"은 이제 실현됐다. 하지만 지우지 않는다. 이제는 "계속해서 쓰고 싶은 책들"을 채워나갈 차례니까.

앞으로 어떤 이야기를 쓰게 될까. 블로그에, 스레드에, 책으로.

한 사람의 인생은 누구의 것도 아니기에,

모든 이야기는 특별하다.

나의 이야기는 나만이 쓸 수 있기에,

나의 이야기도 특별하다.

나는 오래오래,

쓰는 사람이 될 것이다.

(뷰이듀스)

당신의 이야기는 어떻게 시작될까요?

평범한 이야기에는 잔잔한 힘이 있습니다. 그 힘은 누군가의 마음을 흔들기도 하고, 한동안 멈춰 있던 일상을 다시 움직이게 만들기도 하죠. 이 책에 실린 이야기들도 그랬습니다. 동화처럼 눈부신 결말은 없었지만, 누구보다 자기 삶에 정직하게 다가간 순간들이 문장으로 남았고, 누군가의 가슴에 조용히 일렁임을 남겼습니다.

어쩌면 이 책을 덮는 지금, 당신도 글을 써보고 싶다는 생각이 들었을지도 모르겠습니다. 처음엔 용기보다 망설임이 더 클 수 있어요. 그래서 뷰이듀스는 '잘 쓰는 사람'보다 '써보기로 용기 낸 사람'을 기다립니다.
 글을 쓰는 일, 그저 한 페이지 분량의 이야기를 꺼내 보는 일에서 시작해보세요. 당신의 문장이 어떤 반응을 만나게 될지, 당신의 삶이 어떤 사람의 마음에 가닿을지, 그건 당신이 써서 세상에 드러내야만 알 수 있는 일이니까요.

다음 뷰이듀스 101 저자 오디션이 열릴 때, 함께하고 싶다면 아래 링크에 이름을 남기고 소식을 받아보세요.

이 책의 다음 장을, 당신과 함께 써보고 싶습니다.

뷰이듀스 101 저자 오디션 소식 받아보기

내 이야기가 책이 되는 순간

발 행 일 | 2025년 5월 12일
지 은 이 | 나문수·로와·빛옴·앤소장·예글·자별·쭈로그

발 행 처 | 레코드나우
I S B N | 979-11-88588-62-6
이 메 일 | debate1838@gmail.com
디 자 인 | 에디터 뷰이(https://litt.ly/editorv)
삽화제작 | 자별

책   값 | 12,800원

이 책은 저작권법에 따라 국내에서 보호받는 저작물이므로 무단 전재와 복제를 금합니다.